西方供给侧经济学译丛

供给侧投资组合策略
Supply-side Portfolio Strategies

维克托·A. 坎托（Victor A. Canto）　阿瑟·B. 拉弗（Arthur B. Laffer）　编著

沈效玄　张颖滢　译

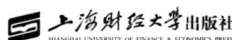

本书为上海新闻出版专项资金资助项目

图书在版编目(CIP)数据

供给侧投资组合策略/(美)维克托・A. 坎托(Aictor A. Canto),(美)阿瑟・B. 拉弗(Arthur B. Laffer)著;沈效玄,张颖滢译. 一上海:上海财经大学出版社,2018.1

(西方供给侧经济学译丛)

书名原文:Supply-Side Portfolio Strategies

ISBN 978-7-5642-2744-9/F・2744

Ⅰ.①供… Ⅱ.①维…②阿…③沈…④张… Ⅲ.①经济政策-影响-投资-美国-文集 Ⅳ.①F171.20-53②F837.124.8-53

中国版本图书馆 CIP 数据核字(2017)第 117350 号

□ 策　　划　黄磊　陈佶
□ 责任编辑　李宇彤
□ 封面设计　张克瑶

GONGJICE TOUZI ZUHE CELUE
供给侧投资组合策略

维克托・A. 坎托
(Victor A. Canto)　编著
阿瑟・B. 拉弗
(Arthur B. Laffer)

沈效玄　张颖滢　译

上海财经大学出版社出版发行
(上海市中山北一路 369 号　邮编 200083)
网　　址:http//www. sufep. com
电子邮箱:webmaster @ sufep. com
全国新华书店经销
上海叶大印务发展有限公司印刷装订
2018 年 1 月第 1 版　2018 年 1 月第 1 次印刷

710mm×1000mm　1/16　8.75 印张(插页:1)　157 千字
印数:0 001—3 000　定价:35.00 元

图字:09-2016-244 号

Supply-Side Portfolio Strategies

Victor A. Canto, Arthur B. Laffer

Translated from the English Language edition of Supply-Side Strategies, by Victor A. Canto and Arthur B. Laffer, originally published by Praeger, an imprint of ABC-CLIO, LLC, Santa Barbara, CA, USA. Copyright © 1988 by Victor A. Canto and Arthur B. Laffer. Translated into and published in the Simplified Chinese language by arrangement with ABC-CLIO, LLC. All rights reserved.

No part of this book may be reproduced or transmitted in any form or by any means electronic or mechanical including photocopying, reprinting, or on any information storage or retrieval system, without permission in writing from ABC-CLIO, LLC.

2018 年中文版专有出版权属上海财经大学出版社

版权所有　翻版必究

总　序

改革开放近40年来,我国国民经济发展取得了举世瞩目的巨大成就,初步实现了从集中决策的计划经济体制向分散决策的市场经济体制的平稳转型,并成功跻身于世界第二大经济体之列。同时,我们也必须看到,中国经济在发展过程中,由于改革的不全面、不彻底、不及时,也逐步累积了新的问题和新的矛盾。一方面,过剩产能已成为制约中国经济转型的一大障碍;另一方面,中国的供给侧与需求端的"错配"已非个案,总体上是中低端产品过剩,高端产品供给不足。

为此,2015年11月10日,习近平总书记在中央财经领导小组第十一次会议上正式提出实行"供给侧结构性改革"。这是中央在我国国民经济发展进入新阶段和新形势下提出的一项新的重要任务,随着改革的不断推进,其内容也在不断发展丰富。"供给侧结构性改革",顾名思义就是要从经济结构的供给端着手,针对我国经济发展中的供需结构性失衡问题,尤其是无效供给过剩,而优质供给不足,从去产能、去库存、去杠杆、降成本以及补短板这些结果导向的具体目标出发,解决经济发展中所面临的"瓶颈"。

当然,除了经济结构的失衡,中国还面临体制结构的失衡和治理结构的失衡。这三个失衡层层递进,经济结构的失衡是表象,体制结构的失衡是深层原因,治理结构的失衡是内在根源。这三个失衡问题如果得不到解决,中国经济还将会随着政策的松紧而不停上下波动,形成过去几十年来反复出现的一放就乱、一乱就收、一收就死的循环。因此,改革的目的,就是要矫正这三个结构性失衡,通过改革、发展、稳定、创新和治理"五位一体"的综合改革治理,提高社会生产力水平,实现经济社会的持续健康发展。

想要顺利推进供给侧结构性改革,实现我国经济的转型升级,会涉及许多重要方面,例如:产能利用率的调节,全要素生产率和经济增长质量的提升,要素配置扭曲的矫正,简政放权、减税降成本的具体落实,等等。显然,这是一项规模庞大且各环节关系错综复杂的系统性改革工程,另外,还必然会与经济增速、通胀水平、贸易差额、就业情况以及社会稳定等硬指标存在密切联系。在这一背景下,从理论角度,便对供给侧结构性改革政策的成熟性提出了非常高的要求;而从实践角度,也需要能在前人的基础上,有所借鉴,通过去其糟粕、取其精华,为我国的供给侧结构性改革保驾护航。

总体来看,经济发展存在其阶段性与规律性,而供需失衡的结构性矛盾是其主旋律。供给经济学正是针对这一矛盾,从供给侧入手,系统阐述经济失衡矛盾产生的根源及应采取的政策措施的西方重要经济学流派。作为20世纪70年代初才于美国出现的经济学"少壮派",却已经在美国里根执政时期、英国撒切尔夫人执政时期等发达国家经济发展的重要阶段大显身手,为其摆脱经济发展困境、重新注入发展动力,实现当时这些国家经济的二次腾飞,发挥了不可估量的作用。

供给经济学的形成有其必然性。当供需结构性矛盾日益凸显,而传统凯恩斯主义宏观经济调控手段失灵时,自然会促使有社会担当的经济学家、知识精英去重新审视问题的本质,探索全新的解决手段,其中就不乏阿瑟·拉弗、万尼斯基、马丁·费尔德斯坦等代表性人物,也形成了一批诸如"拉弗曲线"的经典思想。

供给经济学的核心要义可以归纳为:(1)经济失衡的原因在于产能利用率与有效供给不足,且两者的提升并不会造成通胀、阻碍经济发展;(2)应采取特定的减税政策,降低经济部门与劳动者的生产经营与纳税成本,为其注入经济活力;(3)应减少政府干预,即简政放权,促进自由市场竞争;(4)萨伊定律,即供给能自行创造需求是有效的,仍应注重对经济的供给端调节。如此看来,经济发展的进程有其惊人的相似之处,供给经济学无疑能为我国此轮供给侧结构性改革提供非常有价值的理论思想借鉴。

"他山之石,可以攻玉。"上海财经大学出版社此次精心筹划推出的"西方供给侧经济学译丛",准确把握住了中央大力推行供给侧结构性改革的理论需求,精准对接了中央顶层设计在学术层面的要求。

此套译丛包含6本供给经济学派代表性学者的重要著作:其一,对供给经济学理论体系做出了完整介绍,并注重阐述其思想要点;其二,回顾了一些发达国家的供给侧改革进程及曾面临的问题,以借鉴其宝贵经验;其三,以专题形式对供给侧改革中的关键抓手进行了富有启发性的深入探讨;其四,鉴于此轮改革中金融资本供给端的重要性,专选著作对此方面进行了分析。

《供给经济学经典评读》系统介绍了西方供给经济学的核心思想、理论基础及关键要义,很好地填补了国内系统了解学习供给经济学派方面的空白。同时,本书的一大亮点在于,其深入分析了美国和英国当时非常重要的供给侧改革事件,可以说,能很好地兼顾研究供给侧改革的读者在理论完善和案例研究方面的需要。在供给侧改革理论方面,本书开宗明义指出,供给侧改革需要对凯恩斯经济学模型做出修正,讨论了拉弗曲线模型的意义与适用性,以及如何在供给经济学中借助不断发展的计量经济学进行分析等一些需要明确的理论基础;在案例研究方面,书中探讨了美国总统里根为推行供给侧改革所施行的经济改革项目,供给经济学思想演化的完整脉络,以及什么才是真正合适的货币政策和财政政策等。本书难能可贵的一点是,不仅充分涵盖了供给经济学的全部重要理论,而且很好地将其与供给侧改革中的重要事件结合起来,实现了理论与实践并重。

1982年4月,在美国亚特兰大联邦储备银行召开了一次非常重要也颇为著名的供给侧改革会议。《欧美经济学家论供给侧——20世纪80年代供给侧经济学研讨会会议纪要》一书就是将当时会议中具有代表性的演讲文章按照一定顺序集结成册,为我们留下了非常宝贵的供给侧改革方面的学术研究资料。出席此次会议的人士中不乏经济学界泰斗,如米尔顿·弗里德曼、托马斯·萨金特、詹姆斯·布坎南等,也有美国当时的政界要员,如杰克·肯普、马丁·费尔德斯坦等。就本书内容的重要性而言,完全可以作为研究供给经济学的高级读物,甚至有媒体评论认为,应作为研究供给侧改革的首选读物。书中内容反映了在美国着力解决供给侧改革问题的过程中,经济学界顶尖大师的真知灼见。

《货币政策、税收与国际投资策略》是供给经济学派代表性学者阿瑟·拉弗与维克托·坎托的一部研究供给侧改革政策理论基础与实践效果的核心力作,通过对货币政策、财政政策、国际经济问题以及国际投资策略以专题形式进行深度讨论,重点阐述了刺激性政策和不利于经济发展的因素会如何影响经济表现;同时,书中探索了一套与众不同的研究方法体系,帮助读者厘清政府政策在经济中的传导路径。本书第一部分探讨了货币政策制定目标和通货膨胀相关话题;第二部分聚焦于对供给侧经济学的运用,分析了政府施加的经济刺激和约束性政策的影响;第三部分遴选了一些国际经济方面的热点话题,如贸易收支情况与汇率表现,展示了从供给侧视角进行分析所能得出的结论;第四部分着重讨论了资本资产税收敏感性投资策略,以考察供给侧经济学思想可以为微观投资者带来的优势。

减税,是供给经济学的一项重要政策主张。《**州民财富的性质与原因研究——税收、能源和劳动者自由怎样改变一切**》阐述了为什么在美国州一级减免税负会促进经济增长并实现财富创造。书中对税收改革的思路进行了充分讨论,揭示了即使是美国一些人口很少的州也能从正确的政策中获益颇丰。以拉弗为首的多名经济学家评估了美国各州和当地政府施行的政策对于各州相应经济表现和美国整体经济增长的重要影响,并以翔实的经济数据分析作为支撑。另外,对美国的所得税等问题进行了详细严格的考察,深入分析了经济增长表现以及由于不合理的税收政策所导致的不尽如人意的经济局面等话题;同时,采取了细致的量化分析,探讨了对于国家和个人金融保障会产生巨大影响的政策措施,具有很高的研究价值。

1982 年,拉丁美洲的一些发展中国家曾爆发了严重的主权债务危机,《**拉丁美洲债务危机:供给侧的故事**》从供给侧角度对这一事件进行了全面且深入的回顾分析。当时,许多经济分析师都着重于研究债务国在经济政策方面的缺陷,以及世界经济动荡所造成的冲击,很少有将研究重点放在危机蔓延过程中该地区的主要债权人——私人银行——上面。作者罗伯特·德夫林则对拉丁美洲债务危机事件采取了后一种研究视角,基于丰富的经济数据资料,指出银行其实才是地区债务循环中不稳定的内生因素,当该地区发展中国家经济蓬勃发展时,银行会存在过度扩张问题,起到推波助澜的作用;而当经济衰退时,银行会采取过度紧缩措施,造成釜底抽薪的后果。本书的一大价值在于,揭示了资本市场供给侧状态及调节对于发展中国家经济稳定的重要性,所提出的稳定银行体系的措施具有现实性启发意义。

《**供给侧投资组合策略**》是阿瑟·拉弗与维克托·坎托基于供给经济学思想,阐述微观投资者该如何构建投资组合的一本专著。书中每一章会分别详细探讨一种投资组合策略,并检验其历史表现情况。具体的讨论主题包括:如何在供给侧改革的大背景下投资小盘股、房地产等标的,对股票市场采取保护主义政策会造成的影响,以及美国各州的竞争环境等。值得注意的是,本书在充满动荡和不确定性的经济环境下,明确指出了采取刺激性政策的重要性。书中的分析配备了大量图表数据资料,能帮助读者更直观地了解基于供给经济学理论构建投资组合的效果。

中央领导同志已在中央经济工作会议等多种场合反复强调,要着力推进供给侧结构性改革,推动经济持续健康发展,这是我国当前阶段要重点实现的目标。同时也应理性认识到,"工欲善其事,必先利其器",改革需要理论的指导和借鉴。供给经济学虽形成发轫于西方发达国家的特定历史时期,当然基于不同的国情、国体，在了解学习其思想时，须持比较、思辨的态度；但是综合上述分析，显然供给经济学的诞生背景、力求解决的问题和政策主张，与我国经济发展在新形势下所要解决的问题以及政策方向有相当的契合度，这也在一定程度上，体现了经济发展阶段性与规律性的客观要求。

我们期待上海财经大学出版社此套"西方供给侧经济学译丛"，与我国供给侧结构性改革实践，能够碰撞出新的思想火花，并有助于我国实现供给侧结构性改革这一伟大的目标。

是为序。

田国强

上海财经大学经济学院　院长

上海财经大学高等研究院　院长

致　谢

　　这本书来自 A. B. Laffer Associates 正在进行的一项对经济政策和金融市场之间相互影响的研究。这些年来,我们受益于许多个人和同事提出的宝贵意见、建议和贡献。我们要感谢曾经和现在的 A. B. Laffer Assoicates 的同事,包括大卫·阿奇博尔德(David Archibald)、杰拉尔德·博尔曼(Gerald Bollman)、J. 迈克尔·克里斯琴森(J. Michael Christiansen)、威利·西辛(Willi Cicin)、杜鲁门·A. 克拉克(Truman A. Clark)、托马斯·J. 吉莱斯皮(Thomas J. Gillespie)、查尔斯·W. 卡德莱茨(Charles W. Kadlec)、瑞诺德·林(Renold Lin)、凯文·梅利奇(Kevin Melich)、托马斯·纽金特(Thomas Nugent)、韦恩·斯蒂尔·夏普(Wayne Steele Sharp)和乔丹·斯皮格尔(Jordan Spiegel),正是他们无私地阅读手稿并提出了许多意见和建议,最终促成了作品的完成。我们还要感谢爱德华·P. 穆尼(Edward P. Mooney)和多萝西·库珀(Dorothy Cooper)在编辑和整理终稿方面提供的极大帮助。

　　最后,我们要感谢 A. B. Laffer Associates 的客户,没有他们的支持,就不会有这本书的成功出版。

引 言

维克托·A. 坎托、阿瑟·B. 拉弗

本书是一些经过特别挑选,用以阐述供给侧经济学在投资组合方面应用的文章的汇编。这些文章总结了数个根据最近美国财政政策、货币政策、贸易政策和监管政策的根本性的变化发展而来的投资组合策略。在这个过程中,本书强调了刺激经济学的重要性和它的投资含义。因此,本书对投资者、投资经理、金融分析师和组合策略师来说是一种及时和有创新性的资源。

刺激经济学

供给侧经济学相当于标准新古典经济学的一个新标签。古典经济学分析的基本原则是:人们会根据经济刺激的变化来改变他们的行为。如果对一项活动的刺激相对于它的备选活动增加,那么有更多的人从事有吸引力的活动。同样地,如果对一项活动施加了障碍,从事这项活动的人就会减少。

总的来说,人们在要求自我实现时面临着时间和资源的限制。在有限的时间和资源下,目标的达成需要在被人为和自然设置了限制的结构内进行审慎管理。政府,由于拥有强制力,而有能力改变大量的经济因素所遇到的约束。政府推行的约束体系的变化会改变经济行为。

政府施加约束的形式几乎有无限种。税收、补贴、管制、限制、资格条件是经济领域内无数政府行为中的几种形式。政府融资的方式以及政府支出的数量和结构都会影响私人活动。古典经济学的一般原则,是建立在刺激机制和政府行为对这些刺激机制作用的基础之上的。

本书中的方法很简单。我们试图说明,经济刺激是如何影响经济行为和经济表现的。在每个章节,我们确定一个特定的投资组合策略,讨论该策略的基本要素,并检验其历史记录。

章节

近年来，由现代投资组合理论发展而来的现金管理和投资组合评估技术广受质疑和诟病。当资本资产定价模型（CAPM）中描述的"贝塔"和"阿尔法"的价值受到怀疑的同时，过去几年的实证研究发现了能够帮助投资组合经理们选择投资标的和评估投资组合表现的股票收益的行为特征。

在第1章中，杜鲁门·A. 克拉克（Truman A. Clark）和阿瑟·B. 拉弗（Arthur B. Laffer）根据股票平均收益率和公司规模的经验关系，研究了一些简单的投资组合策略。平均而言，小型公司股票的收益率比大型公司股票的收益率高。这个特征在每年的一月尤为显著。即使经过贝塔差异的调整，大型公司和小型公司的股票平均收益率的系统性差异仍然存在。这些发现，对投资管理有以下两个重要意义：

1. 一个由小型公司股票组成的分散化的投资组合，能在长期跑赢诸如标准普尔500这样的市场指数。

2. 可以通过投资组合平均市值而不是投资组合贝塔，评估投资表现。

监控行业，有助于提高小市值组合的表现。挑选出能够平均地跑赢市场的行业需要专门的技术。第4、第5、第6、第7章提供了一些可以预测业绩表现差异的技术，其中影响这些业绩表现差异的因素有地理位置、外国竞争和经济环境的变化。

1986年的《税收改革法案》引起了一些不动产专家们的悲观预期，他们主要关心产生收入的房地产的价值。

在第2章中，杜鲁门·A. 克拉克和阿瑟·B. 拉弗认为，不动产的悲观主义者忽视了税收改革对经济总体的有利影响。

较低的税率能使生产性活动得到更高的税后收益率。当个人和企业对这些比较强烈的刺激措施做出反应时，经济增长将会提速，社会总财富将会增长。由于财富的增长，对不动产和其他资产的需求将会增加，因此往往会在短期内推升资产的价值。关于租金水平，财富的增长会导致对出租单元需求的增加。租金水平将在短期内上升，但同时将产生对创建新的可出租单元的刺激。当出租单元的供给增加时，租金水平将会下降。租金水平最终将很有可能比最初低1%~2%。

税收改革将会在以下两个方面影响商业地产的价值：

1. 较低的税率，将会提升所有创造正的净营业收入和租金的资产的价值。

2. 税法的改变，将会降低折旧资产的折旧税盾的价值。

税收改革对地产的净效应,取决于以上两种效应的相对大小。

由于不会遭受折旧税收益的损失,无建筑的出租用地和那些拥有非折旧建筑的不动产业主,将从税收改革中获益最多。有折旧建筑的不动产获益较少,甚至价值有可能下降。然而,只要在现行税法下该建筑是具有盈利性的,它的价值将会在短期内上升。

在第3章中,大卫·英格兰(David England)和阿瑟·拉弗评估了通货膨胀和利率的前景,以及这一个10年中剩下的时间和下一个10年中投资者可以预期的可能的货币政策环境。商品和货币市场的发展,预示了较低的通货膨胀。商品供给相对于货币供应越多,通货膨胀就越低。1988年税率的降低,预示着将在未来数年内持续强劲的经济增长和相应的对通货膨胀的抑制。

货币对于控制通胀的作用同样有效。一段时间以来,联邦储备委员会淡化了货币增长目标,转而更注重价格目标。进一步行动,即正式采用价格规则,将可以保证持续的价格稳定。

税率有另一个效应:税率越低,给定通胀所对应的利率水平就应该越低。因此,最近几次税率的下调就指向了更低的利率水平。事实上,1988年的税率是20世纪20年代以来任何时间内最低的。最终导致了随着时间的推移,计量的通胀率高估实际通胀水平的程度不断上升。所以,现在的利率和计量的通胀率之间的差距,相比历史平均水平较低。

综合通胀、税率和通胀计量误差产生的影响,今天的利率相对于通胀水平来说应该是非常低的。基于低通胀和低税率的环境,利率在未来几年将会大幅下降。到20世纪90年代初期,长期国债的收益率将会低至3%～4%,抵押贷款利率会在4%～5%的区间。

在第4章,维克托·A. 坎托(Victor A. Canto)和他的同事们[J. 金布尔·迪特里希(J. Kimball Dietrich)、阿迪史·杰恩(Adish Jain)、维丝华·马达利尔(Vishwa Mudaliar)]讨论了贸易限制对股票价格的影响。一个常见的误区是:对有来自外国竞争的产业给予的保护,能在就业增长和股票收益方面改善该产业的状况。所选行业的详细案例分析表明,受到保护的行业的股票收益率更多的时候难以上升。在某些情况下,其在保护政策出台以后的表现其实是变差的。

贸易保护主义的压力是分析一个行业股票未来表现的重要部分。然而,还没有一个统一的衡量贸易保护主义压力的方法。因此,投资组合表现的这一因素或者被忽略,或者最多是被当作异象的基础上处理。第4章通过提出一个贸易易保护主义压力指数来衡量各个行业寻求保护免受外国竞争的可能性,从而填补了这一研究领域的空白。

即使美国试图保持其在海外竞争时的地位,联邦内的每一个州也都在互相竞争他们经济增长中的份额——有一些州取得了令人羡慕的成功,另一些却不尽如人意。各州设法在境内吸引和留住劳工,在产业的竞争中,赢家和输家的区别在于能否通过理解竞争环境从而对可以增强本州吸引力的事件产生影响。

在第5章,维克托·A. 坎托和阿瑟·B. 拉弗检验了州和当地财政政策对其竞争环境的影响。

财政政策是决定一个州竞争力非常重要的变量,所以也对一个州相对于其他州的增长率有很大影响。在某些方面,50个州对于企业而言没有什么区别。税率可以认为是一个州向个人或企业在其境内开展生产活动所要支付的价格。正如企业一样,价格政策不是成功的唯一要素,不过确实是重要的因素。

跟踪监测各州相对税负的变化,是理解竞争环境的关键。将税负调整到相对较低水平的州,由于创造了更多高于平均增长和税后收益的机会而变得对企业更有吸引力。而那些将税负调整到相对较高水平的州,则对其境内企业的吸引力更弱,因为这些企业承受着低于平均水平的销售表现和税后利润。

对于投资者和企业规划者,对公司经营方位所在地的了解(该地区税率相对于整个联邦是上升还是下降),是投资和选址时的重要考虑因素。一个企业的生产设备集中在相对税率不断下降的地区,一般而言,可能取得比其他生产设备处于相对税负上升地区的企业更高的税后利润。这种优势或者劣势与公司竞争者和劳工的流动性以及公司顾客对于产品价格的敏感性密不可分。

金融分析师和投资经理尝试确定哪些行业将从市场基本面的变化中获益,而哪些行业又将遭受打击。20世纪20年代有句俚语——猫咪喵(the cat's meow),是终极的赞美之词。在如今金融市场的行话中,"猫咪喵"的意思是能够及时应对80年代动荡市场的投资组合策略。

维克托·A. 坎托和阿瑟·B. 拉弗在第6章中描述的CATS投资组合策略,是一种事先预料市场基本面变化所产生影响的技术,这一技术被用来预测在宏观经济冲击下各行业类别公司的股票表现。CATS策略的基础在于将行业归入两个基本组别:高资本税敏感性行业(HC)和低资本税敏感性行业(LC)。将这两组各自进一步分为两类:类别属性较强的HCⅠ和LCⅠ;类别属性较弱的HCⅡ和LCⅡ。

分析过去21年CATS方法中行业分组的表现,可以得到一个惊人的结果。CATS策略在过去22年中有20年都战胜了市场。当市场处于上升或下降趋势时,该策略都能表现得优于市场。这对于需要在任何时候都将所有资金投资于股票的资金管理者而言是一个重要的研究结果。

在第7章,维克托·A. 坎托通过分析实际汇率变动对美国经济的影响,且将其纳入CATS框架内,进一步改进了CATS投资组合策略。

金融媒体中出现了各种不同的关于汇率变动对美国经济和股价影响的评论。有些分析师认为,美元汇率的贬值,将导致美国相对于其他国家通货膨胀率的上升。另外一些分析师则认为,美元汇率的贬值,将改善贸易平衡,从而有利于美国的竞争地位。

第二种看法是错误的,原因之一在于没有区分名义汇率和实际汇率。名义汇率只是简单地以一种货币来衡量另一种货币的价值。实际汇率则是通过一国生产的产品价值与另一国商品的相对价格进行衡量。

货币扰动,比如过剩的本国货币创造会造成名义汇率的变动。实际扰动,比如财政政策的变化,也可以造成汇率巨大的变动。实证结果显示,实际汇率的贬值与以下三种情况有关:(1)国内生产较外国生产的萎缩;(2)本国生产企业相对于外国生产企业盈利能力的下降;(3)美国股票市场的表现相对于外国股票市场来说更差。

实际汇率的变化对行业的影响各不相同。实际汇率的升值更有利于HC行业(与LC行业相比),也更有利于非商品贸易行业(与商品贸易行业相比)。

本书编者在最后的章节中总结并给出了供给侧投资组合策略的结论。

目　录

总序/001

致谢/001

引言
维克托·A. 坎托、阿瑟·B. 拉弗/001

第1章　小盘股效应是否依然存在？
杜鲁门·A. 克拉克、阿瑟·B. 拉弗/001
 1.1　小盘股的优越性：1963～1984年/002
 1.2　1984年投资组合的表现/003
 1.3　1969～1974年投资组合的表现/004
 1.4　一月效应/006
 1.5　一月投资策略/009
 附录/012

第2章　税收改革对产生收入的不动产的影响
杜鲁门·A. 克拉克、阿瑟·B. 拉弗/014
 2.1　不动产的价值/015
 2.2　土地价值的变动/015
 2.3　建筑的价值/016
 2.4　产生收入的非折旧建筑的价值变动/016
 2.5　不产生收入的折旧建筑的价值变动/017
 2.6　产生收入的折旧建筑的价值变动/017

2.7　哪些现有建筑将会从税收改革中获益？/019
2.8　算例/020
2.9　建筑接近完工时价值的变动/022
2.10　租金展望：短期/023
2.11　租金展望：长期/024
2.12　结论/028
附录/028

第3章　利率跳水400个基点的案例
大卫·F. 英格兰、阿瑟·B. 拉弗/034
3.1　1953～1986年利率和通胀率的快速回顾/036
3.2　通胀前景/036
3.3　商品和通胀/037
3.4　货币和通胀/039
3.5　通胀将保持低位/041
3.6　利率和通胀的历史关系/041
3.7　历史标准的偏差/042
3.8　通胀水平/042
3.9　较低边际税率的影响/043
3.10　修正的标准/044
3.11　生产率和通胀度量中的偏差/045
3.12　对于股票投资的意义/046

第4章　贸易保护主义和股票市场：美国经济中贸易限制的决定因素和后果
维克托·A. 坎托、J. 金布尔·迪特里希、阿迪史·杰恩、维丝华·马达利尔/048
4.1　美国贸易政策的历史回顾/050
4.2　股票价值和雇员能从全面的贸易限制中获益吗？/052
4.3　特定行业的贸易政策能改善该行业的盈利能力和就业水平吗？/054
4.4　全面贸易政策的决定因素/059
4.5　结论/060
附录A/061
附录B/063

第5章　各州竞争环境：1986～1987年最新的信息
维克托·A. 坎托、阿瑟·B. 拉弗/065

5.1　框架/066
5.2　1986年州竞争力预测的表现/067
5.3　1986年州税务变化(适用1987财政年度)/069
5.4　州竞争力和联邦税制改革/074
5.5　税收改革影响收入的各州的反应/075
5.6　1987财政年度的竞争环境/077
5.7　投资意义/078

第6章　The Fat CATS 投资组合策略
维克托·A. 坎托、阿瑟·B. 拉弗/079
6.1　组合选择中CATS方法应用的回顾/081
6.2　为什么CATS方法可以战胜市场/083
6.3　CATS转换信号/084
6.4　投资建议提高业绩:The Fat CATS策略/084
6.5　The Fat CATS策略的表现结果/086
6.6　投资意义/087
附录/089

第7章　汇率变化和股票市场:The Ps and Qs Meet the CATS
维克托·A. 坎托/094
7.1　恶意贬值、通胀率和贸易平衡/095
7.2　实际汇率和名义汇率/096
7.3　实际汇率变动的影响:传统观点/098
7.4　实际汇率变动的影响:综合经济的观点/099
7.5　两种方法的比较:传统观点和综合经济的观点/100
7.6　实际汇率变动对股票市场和经济的影响/100
7.7　实际汇率变动对各行业部门的影响/102
7.8　实际汇率变动对行业股票价格表现的影响/107
7.9　意义/109

第8章　供给侧投资组合策略的结论
维克托·A. 坎托、阿瑟·B. 拉弗/110

关于编者/117

第1章

小盘股效应是否依然存在?

杜鲁门·A.克拉克、阿瑟·B.拉弗

股票市场表现和市值的关系在1984年出现逆转。这是1973年以来第一次大盘股表现超过小盘股。

1984年的情况不太可能标志着小盘股的表现会持续欠佳。上一次类似特征的时期是1969~1974年,发生在逆增长经济政策的背景下。相反,现行的经济政策环境毫无疑问是促增长的。未来几年,大多数股票的价格可能会上涨,并且历史经验显示一个上升趋势的股票市场对小盘股尤其有利。

暂且不管小盘股在一整年中的表现,小盘股自1963年以来的每年1月份都表现最佳。因此,另一个备选策略就是构造一个一月对冲组合,做多小盘股的同时做空大盘股或标准普尔500指数期货。

在1984年,股票市场表现和市值之间的长期关系被逆转。大市值公司的股票(大盘股)自1973年以来第一次表现超过了小市值公司的股票(小盘股)。这是在过去22年来的第六次小盘股没有跑赢大盘股。

小盘股的盛宴就此结束了吗?1984年的现象只是一次历史模式的偏离?或者是1984年标志着一个类似于1969~1974年出现的,小盘股将开始持续表现劣于大盘股?即使在年景不好的时候,小盘股在1月份仍表现抢眼。尽管在整个1984年它们表现欠佳,市值最小的一类股票连续在22年中每年1月份都跑赢了市值最大的一类股票。市值最小的一类股票在1984年1月平均上涨7.1%。市值最大的一类股票则下跌1.2%。以股票市场为标的的期货交易的发展,为利用小盘股在1月内表现优于大盘股这一现象提供了一个有利可图的新方法。①

1.1 小盘股的优越性：1963～1984年

通过比较10个组合的收益率来检验表现的差异与市值的关系。组合全部由纽约证券交易所(NYSE)和美国证券交易所(AMEX)上市的股票构成。股票由市值(流通股股数乘以每股价格)进行排序并归入10个组合中的一个。排名最后10%的股票被放入最小市值组合(MV1)。其他的股票依次分别归入另外9个组合，排名最前10%的股票被放入最大市值组合(MV10)。组合构造步骤的详情请见附录。

从1963年至1984年，股票的市场表现与其市值呈反向关系(见图1.1)。平均年收益率从组合MV1最小市值类股票的31.6%到MV10最大市值类股票的9.8%不等。在这22年中，最小市值股票的表现平均每年超出最大市值股票21%。基于这个长期的结果，1984年的表现结果非常罕见。

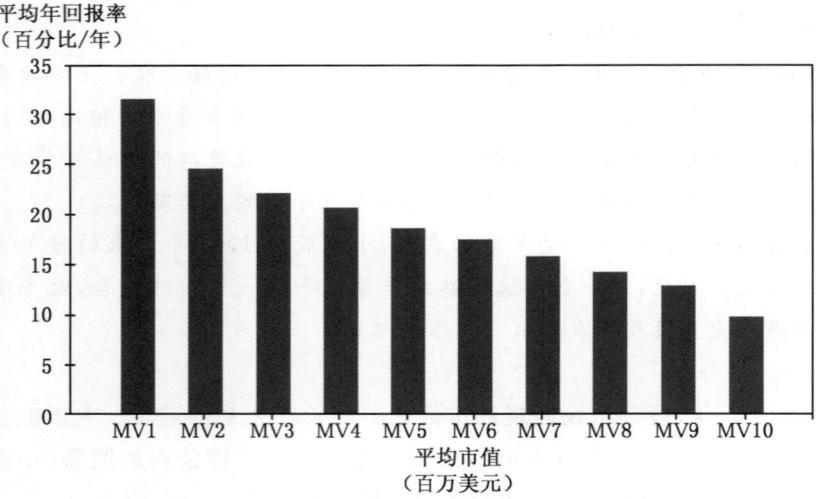

图1.1　1963～1984年NYSE-AMEX股票构成的10个市值组合的市场表现和市值

---

① 更早的关于股票市场表现和市值关系的讨论出现在以下论文中：Marc R. Reinganum, "Portfolio Strategies Based on Market Capitalization", A. B. Laffer Associates (November 10, 1981); M. R. Reinganum, "Small Cap Stock Update", A. B. Laffer Associates (July 5, 1983).

1.2　1984年投资组合的表现

在1984年,市值最大股票的组合表现自1973年以来第一次超过市值最小股票的组合,并且是过去22年来仅有的第六次(见图1.2)。MV10的年回报率是7.1%,而MV1的表现是糟糕的-11%。这是自1974年以来第一次出现市值最小股票的组合在一整年中回报率为负的情况。

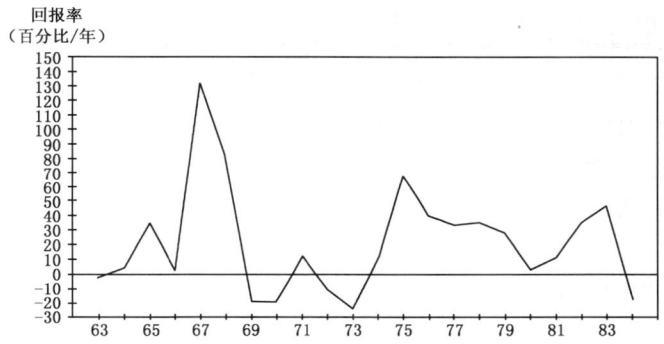

图1.2　1963～1984年最小市值组合相对于最大市值组合的超额年回报率

在市值最小与最大之间的其他组合,业绩表现趋向于随着市值增大而改善:与历史模式相反。以下数据用以说明:MV9的回报率是3.3%,MV2的回报率是-5.1%(见图1.3)。

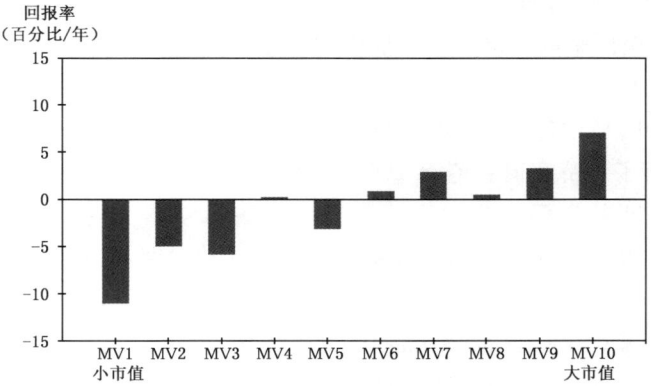

图1.3　1984年NYSE-AMEX股票构成的10个市值组合的年回报率

1.3　1969～1974年投资组合的表现

小盘股在1984年令人失望的表现提出了一个重要的问题:1984年可能是小盘股将延续这一较差表现的开始吗？可以回到1969～1974年的股票市场和经济的表现中找到这个问题的答案。在这段时期内,标准普尔500指数下跌了34%,大多数股票的价值下跌。股票普遍表现糟糕的原因不难发现,这段时期的特点是货币体系崩溃、上升的税率和1973年的石油危机。

- 美国从1968年开始打破美元与黄金挂钩的关系——这一过程在1973年完成。固定汇率制度被浮动利率市场的混乱所取代。
- 旧货币体系的瓦解导致利率和通货膨胀率上升。在1974年12月新发行3个月期短期国库券的利率比1968年12月时高130个基点。在这段时期,消费者价格指数(CPI)上升了46.1%,通过CPI衡量的通货膨胀在1974年达到了12.2%。
- 由于"税档等级攀升"(bracket creep),通货膨胀提高了个人的有效边际税率。
- 因为被低估的固定资产折旧、名义存货利润和名义资本利得创造的虚高的利润,通货膨胀实际上也造成了企业有效税率的上升。[1]
- 在1969年,最大有效资本利得税从25%提高至近30%。这对许多小市值、无分红股票的投资者而言是一个非常重要的税率的增加。
- 1971～1974年实施了各种形式的对工资和价格的控制。
- 在1973年第四季度至1974年第一季度,欧佩克组织(OPEC)成功使原油价格提高至原来的4倍。原油价格的上涨类似于对能源消费者征税。[2]

由于以上不利情况,实际国民生产总值(real GNP)在1969～1974年的6年间缓慢地以平均每年2%的速度增长,并且美国在1969～1970年和1974～1975年经历了经济衰退。鉴于1969～1974年普遍糟糕的经济环境,大多数股票下跌就不足为奇了。

1969～1974年对于普通的股票是一个不佳的时期,它甚至是许多小盘股的

---

[1]　Charles W. Kadlec and Arthur B. Laffer, "The Best is Yet to Come", A. B. Laffer Associates (September 22, 1983); Truman A. Clark and Charles W. Kadlec, "The Quality of Earnings", A. B. Laffer Associates (September 23, 1985).

[2]　Victor A. Canto, "The CAT'S Meow: A Portfolio Strategy for the Modified Flat Tax", A. B. Laffer Associates (May 17, 1985).

灾难。股票市场表现和市值长期的负相关在此期间扭转,大盘股往往比小盘股损失更少(见表 1.1)。最大市值组合在 6 年中的 4 年表现超出最小市值组合,且在最小市值股票上的投资在 6 年中有 4 年是遭受损失的。

10 个投资组合 6 年的累积回报率显示了在 1969~1974 年间小盘股投资者损失的大小。最大市值组合中的股票在这 6 年中共损失 21.2%,而从 MV1 到 MV7,累积损失都超过了 50%(见表 1.1)。

表 1.1　1969~1974 年 NYSE-AMEX 股票构成的 10 个市值组合的年回报率

年份	最小市值 MV1*	MV2	MV3	MV4	MV5	MV6	MV7	MV8	MV9	最大市值 MV10	最小市值与最大市值回报率之差
1969	−29.6	−33.1	−27.0	−25.4	−24.4	−20.9	−18.2	−16.8	−13.0	−10.9	−18.7
1970	−16.7	−11.6	−11.9	−10.9	−2.0	−5.6	−5.3	−2.2	1.4	2.3	−19.0
1971	26.7	23.2	22.7	19.7	19.1	24.4	19.1	22.0	17.5	14.2	12.5
1972	8.5	−0.2	4.4	4.4	8.7	7.3	6.0	13.2	9.4	19.4	−10.9
1973	−39.6	−39.5	−37.8	−35.5	−37.3	−33.6	−30.9	−29.9	−26.2	−15.4	−24.2
1974	−15.1	−20.0	−21.4	−27.9	−26.9	−31.1	−26.9	−29.4	−24.8	−25.1	10.0
累积回报 1969~1974	−58.7	−64.8	−59.7	−61.3	−56.0	−54.4	−50.6	−44.4	−37.0	−21.2	−37.5

注:所有年度回报率以百分比表示,累积回报以百分比形式表示整个六年期间的回报。

1969~1974 年的结果指出了小盘股投资策略的三个短期风险:

● 虽然长期结果显示表现与市值呈反向关系,但是不能保证在每一年都有效。

● 小盘股往往在股票市场较差的年景遭受重创。

● 大盘股跑赢小盘股的情况可能会持续一段时间。

在 1969~1974 年这段时期的背景下,1984 年可能标志着有一个小盘股长期衰退期的到来吗?如果 1969~1974 年股票糟糕的表现可以追溯到那个时期的逆增长经济政策,那么可以认为这次不可能重现那时的状况。促增长政策正在占据主导,造成 1969~1974 年市场崩溃的负面力量似乎已经被彻底改变:

● 1986 年的税收改革法案将个人收入边际税率降低到自 20 世纪 20 年代以来的最低水平。[①]

● 通货膨胀逐渐消退。1986 年美国联邦储备委员会对曼努埃尔·约翰逊

---

① David F. England and Arthur B. Laffer, "Geronimo! The Case for a 400 Basis Point Plunge in Interest Rates", *Economic Study*, A. B. Laffer Associates, February 28, 1987.

(Manuel Johnson)和韦恩·安吉尔(Wayne Angell)的任命,以及1987年艾伦·格林斯潘(Alan Greenspan)接替保罗·沃尔克(Paul Volcker)担任美联储主席,使美国货币政策将更可能为价格规则所引导。①

● 收入税率与指数挂钩。如果未来通货膨胀急剧上升,"税档等级攀升"的现象不会再次发生。

● 现行的投资税抵扣(ITC)和加速成本回收制度(ACRS)下的加速折旧期限方法将改善通货膨胀时期固定资产的折旧不足。② 然而,1986年的《税收改革法案》削弱了这项保护措施。新的税法消除了投资税抵扣,并且用更长的折旧期限表替代了加速成本回收制度。

● 1985年五国集团会议显示了主要工业化国家之间为了稳定汇率而增强的合作。重建一个固定汇率体系的行动正在进行中。③

● 欧佩克人为维持高油价的意愿和能力事实上已经耗尽。油价的回落意味着对能源消费者的重要的减税。④

相对于1969～1974年,现在更加健康的经济政策环境似乎很可能使大多数股票价格在未来几年内上升。基于历史经验,一个普遍上升趋势的股票市场应该对小盘股特别有利。然而,贸易保护主义威胁着看涨的前景。如果美国采取贸易保护主义措施,这将会打压股票市场并可能使小盘股损失惨重。⑤

尽管经济环境有利以及市场处于牛市,但在1985年、1986年和1987年,小盘股表现不及市场基准。因此,尚不清楚小盘股是否能在1988年恢复历史上的强势表现。

1.4 一月效应

不管小盘股在一整年中的表现如何,自1963年以来的每个月小盘股都是

---

① Ibid.

② Charles W. Kadlec and Arthur B. Laffer, op. cit.; Truman A. Clark and Charles W. Kadlec, op. cit.

③ Charles W. Kadlec, op. cit.

④ Victor A. Canto and Charles W. Kadlec, "The Shape of Energy Markets to Come", A. B. Laffer Associates (October 4, 1985).

⑤ Victor A. Canto, J. Kimball Dietrch, Adish Jain, and Vishwa Mudaliar, "Protectionism and the Stock Market: The Determinants and Consequences of Trade Restrictions on the U.S. Economy", A. B. Laffer Associates(March 20, 1985).

赢家。① 1963~1984年,一月份是一个股票表现特别好的月份(见表1.2)。例如,组合MV6的平均一月份收益是5.3%。这是该组合最大的平均月度收益。(需要特别注意,这里提到的月度表现指标是月度百分比变化。相比之下,前文提到的年度表现指标是年度百分比变化。)

表1.2 1963~1984年NYSE-AMEX股票构成的10个市值组合的月度平均回报率

年份	最小市值 MV1	MV2	MV3	MV4	MV5	MV6	MV7	MV8	MV9	最大市值 MV10	最小市值与最大市值回报之差
一月	14.6	10.6	8.6	7.4	6.3	5.3	4.3	3.1	2.6	1.2	13.4
二月	2.3	1.3	0.7	0.5	0.4	0.2	0.2	−0.0	−0.3	−0.3	2.6
三月	2.3	1.9	2.0	2.2	1.8	1.4	1.5	1.5	1.5	1.2	1.1
四月	1.7	1.6	1.6	1.7	2.0	1.8	1.7	1.6	1.7	1.6	0.1
五月	0.5	−0.1	−0.3	−0.5	−0.5	−0.5	−0.5	−0.5	−0.8	−0.6	1.2
六月	0.6	0.4	0.2	0.2	0.2	0.1	0.0	0.2	0.3	0.3	0.3
七月	0.7	1.2	0.9	0.7	0.6	0.8	0.6	0.2	0.6	0.1	0.6
八月	1.3	1.1	1.0	1.0	0.9	1.3	1.0	0.9	0.9	0.1	1.1
九月	1.3	1.1	1.0	1.0	0.9	1.3	1.0	0.9	0.9	0.1	1.1
十月	−0.8	−0.6	−0.1	−0.2	−0.1	0.1	0.1	0.5	0.8	1.3	−2.0
十一月	0.5	1.1	1.5	1.9	2.1	2.1	2.1	2.2	2.1	1.5	−1.0
十二月	0.6	1.1	1.5	1.4	1.4	1.3	1.5	1.4	1.2	1.3	−0.8
平均	2.1	1.7	1.6	1.5	1.4	1.3	1.2	1.1	1.0	0.8	1.4

注:所有回报表示为月度的百分比变化。

一月份也是表现差异与市值大小关联度最明显的月份。1963~1984年,市值越大,其平均一月份收益率越小。对于最小市值股票的组合,平均一月份回报率是惊人的14.6%。随着市值的提升,最大市值股票的组合平均一月份的回报率只有1.2%(见图1.4)。

逐年检验一月份的回报率,最小市值股票的表现令人惊叹。最小市值组合(MV10)从1963年到1984年间每年的一月份都是盈利的,其中1975年月份(见表1.3)盈利近55%。即使在1973年或1984年这样的年份,最小市值组合在一年中遭遇了亏损,但是在一月份还是取得了正收益。

---

① 更早的关于一月效应的讨论出现在以下论文中:Marc R. Reinganum, "The January Effect: The Anomalous Stock Market Behavior of Small Firms in January", A. B. Laffer Associates (November 17, 1982); M. R. Reinganum, "Tis the Season to be Jolly", A. B. Laffer Associates (December 7, 1983).

008 / 供给侧投资组合策略

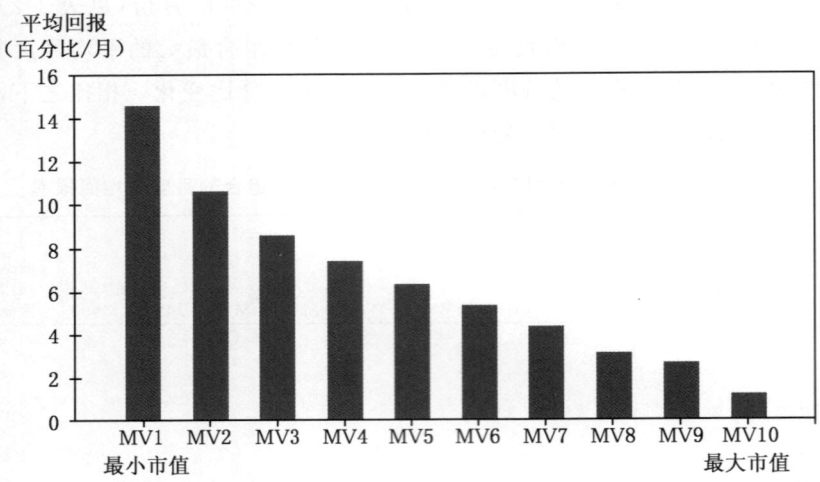

图 1.4   1963～1984 年 NYSE-AMEX 股票构成的 10 个市值组合的一月平均回报率

除了每个一月份拥有正回报率,最小市值组合在 1963～1984 年每个一月都战胜了最大市值组合。例如,最小市值组合 1983 年和 1984 年 1 月份的回报率分别是 14.4％和 7.1％,而同时最大市值组合只有 2.3％和 −1.2％。即使在最小市值组合一月份表现不是特别突出的年份,其依然以客观的优势超过最大市值组合。举例来说,1982 年 1 月 MV1 的回报率为 2.7％,但由于 MV10 是下跌的,造成 MV1 相对于 MV10 的超额收益率达到了 5％。

表 1.3 1963～1984 年 NYSE-AMEX 股票构成的 10 个市值组合每年一月份的回报率

年份	最小市值 MV1	MV2	MV3	MV4	MV5	MV6	MV7	MV8	MV9	最大市值 MV10	最小市值与最大市值回报之差
1963	11.4	9.1	10.6	10.5	7.8	7.9	6.9	6.0	5.9	4.8	6.6
1964	4.3	4.1	4.1	1.7	2.0	1.2	1.0	1.1	1.8	1.6	2.7
1965	9.3	10.1	7.2	5.7	5.9	6.3	5.4	5.4	4.8	4.5	4.8
1966	9.4	9.1	6.8	5.9	5.4	4.5	3.4	3.4	2.2	1.5	7.9
1967	23.2	22.8	19.0	18.8	18.1	15.4	14.5	11.1	9.0	7.7	15.5
1968	12.9	5.9	3.8	0.9	0.5	−0.4	−1.6	−2.5	−3.1	−5.5	18.4
1969	1.9	−1.4	−0.8	−0.8	−0.9	−1.2	−1.3	−0.5	−0.3	−0.4	2.4
1970	3.1	−2.9	−3.9	−4.8	−5.3	−5.5	−5.8	−7.7	−7.2	−8.0	11.0
1971	24.8	17.5	14.9	12.4	10.6	9.2	9.6	7.0	6.5	4.4	20.4
1972	20.4	13.9	12.0	8.9	7.3	5.9	5.3	4.2	2.5	1.3	19.1

续表

所有组合

年份	最小市值 MV1	MV2	MV3	MV4	MV5	MV6	MV7	MV8	MV9	最大市值 MV10	最小市值与最大市值回报之差
1973	42.2	−1.4	−4.0	−3.4	−5.1	−4.9	−5.1	−6.4	−6.1	−3.7	8.0
1974	29.9	22.4	18.8	17.3	14.2	11.0	8.7	5.8	3.4	−0.1	30.0
1975	54.9	43.9	39.2	36.0	34.1	28.8	25.7	23.8	21.8	12.8	42.1
1976	33.9	30.8	24.5	23.8	21.4	20.5	18.2	16.3	15.2	12.1	21.8
1977	11.8	7.8	3.8	3.8	3.1	2.5	1.1	−0.9	−2.7	−4.6	16.4
1978	3.3	0.8	−0.8	−0.4	−2.1	−3.3	−4.2	−4.6	−5.4	−6.0	9.3
1979	16.2	11.2	12.3	11.9	11.4	8.8	8.3	6.0	6.4	4.5	11.7
1980	17.6	13.0	9.9	10.0	7.0	8.3	6.5	6.2	5.4	6.1	11.5
1981	5.1	3.1	2.9	0.6	−0.2	−0.8	0.4	−1.9	−2.1	−4.8	9.8
1982	2.7	0.4	−1.8	−1.4	−2.6	−3.4	−4.0	−3.8	−3.1	−2.4	5.0
1983	14.1	10.4	9.1	6.4	7.4	6.1	4.6	3.0	3.2	2.3	12.0
1984	7.1	1.9	1.7	0.0	−1.4	−0.8	−2.2	−2.7	−1.6	−1.2	8.3
平均	14.6	10.6	8.6	7.4	6.3	5.3	4.3	3.1	2.6	1.2	13.4

注：所有回报表示为月度的百分比变化。

1.5 一月投资策略

利用一月效应的最显而易见的投资策略就是在 12 月份买入小盘股并在 1 月末卖掉它们。这个策略可以通过在 12 月份专门挑选年末价格遭遇最大下跌幅度的股票进行优化。[①]

另一个备选的策略也可以利用在 1 月份中小盘股对大盘股相对业绩的优势。在 12 月末做多小盘股同时做空大盘股构造对冲头寸。在 1 月末取消该对冲头寸。这个策略可能对于那些因为税收因素和机构限制而必须持有一定数量大盘股的投资组合经理具有吸引力。

这个对冲策略在过去 22 个一月份中都是盈利的，其中在 1983 年 1 月盈利 12%，1984 年 1 月盈利 8.3%，在 1963～1984 年内所有的一月平均盈利 13.4%。一月内对冲策略的收益比简单持有小盘股策略的收益更有优势（见图 1.5）。对冲策略的平均收益率比单纯持有小盘股策略低 1.2%，但是对冲策略收益率的

---

① Marc R. Reinganum, "Tis the Season to be Jolly".

波动性也更低(见表1.4)。①

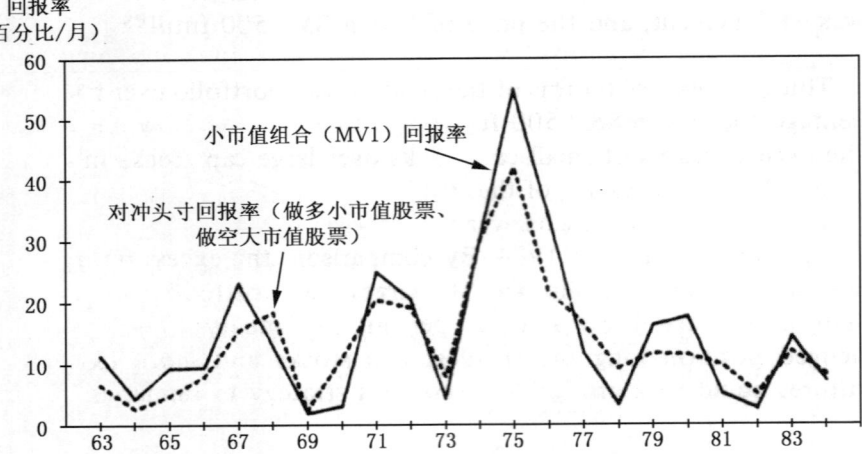

图1.5　1963～1984年最小市值组合和对冲头寸每年一月的回报率

表1.4　　　　　　　　1963～1984年两个一月小盘股投资策略的比较

策略	平均值	标准差
做多小市值股票（MV1）	14.6	12.8
对冲（MV1～MV10）	13.4	9.4

注：所有回报表示为月度的百分比变化。

如果投资者不能或不愿意卖空大盘股从而对冲做多小盘股的头寸，他们或许可以考虑做空标准普尔500指数期货。标准普尔500是纽约证券交易所上市的股票市值加权的指数，从1963年到1984年，标准普尔500变动的百分比紧密地跟踪着最大市值组合的收益率。在这22年中的一月，标准普尔500变动百分比与最大市值组合回报率之间的相关性达到0.991。

除此之外，标准普尔500指数期货的变动与指数自身的变动密切相关。因此，一月中，期货价格变动与大市值组合的收益率密切对应。在1983年1月，最大市值组合的回报率为2.3%，标准普尔500三月合约价格变动百分比为

---

① 对冲头寸的标准差低于最小市值组合，但是波动性的差异在5%的显著性水平下统计不显著。F比率的值为1.868。

3.8%（见表1.5）。在1984年1月，最大市值组合回报率为-1.2%，同期标准普尔500三月合约价格下跌了1.1%。①

因此，一月份小市值组合对标准普尔500指数期货的超额回报率与小盘股对大盘股的超额回报率密切相关。最小市值组合对标准普尔500期货三月合约的超额回报在1983年1月和1984年1月分别是10.5%和8.2%。相比之下，最小市值组合相对最大市值组合的超额回报率在这两个时期分别是12%和8.3%。所以，做多小盘股同时做空标准普尔500期货这一组对冲头寸会是在一月有利可图的投资策略。这样的对冲头寸在1985年同样有效。一组小盘股样本组合在1985年1月取得10.4%的收益，同时标准普尔500上涨7.4%。小盘股样本组合也跑赢标普500期货三月合约4.3%。

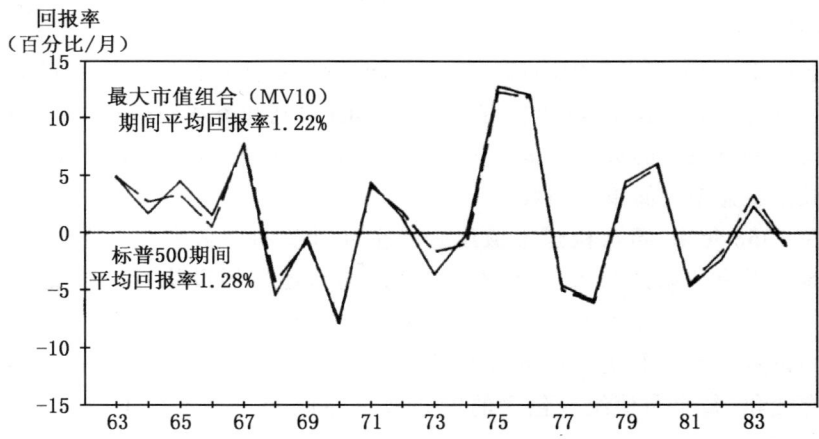

图1.6　1963～1984年最大市值组合和标准普尔500指数每年一月的回报率

表1.5

1983～1984年最大市值组合、最小市值组合和标准普尔500指数期货一月回报率

年份	最小市值股票	最大市值股票	三月份期货合约	六月份期货合约
1983	14.35	2.31	3.81	3.93
1984	7.09	-1.17	-1.08	-1.12

注：所有回报表示为月度的百分比变化。

---

① 假设标准普尔500指数期货的交易以十二月和一月的最后一个交易日的结算价成交。交易成本和税收忽略不计。

附录

市值组合的构建

样本由在纽约证券交易所（NYSE）和美国证券交易所（AMEX）上市的全部股票组成。从1962年底开始，每只股票的市值由发行在外股数和每股价格相乘计算得出。再将所有股票按市值排序并分配至10个组合中的一个。市值排在最后10％的股票被分入最小市值组合（MV1）。市值排在最后10％～20％的股票被分入下一组最小市值组合（MV2）。其余股票参照相似的方法分配至另外8个市值组合（MV3～MV10），其中市值排在前10％的股票被放入最大市值组合（MV10）。

在这10个市值组合中的每一个组合，假设投资在每只股票上的资金相等。然后计算每只股票在1963年持有一年的回报（股利和资本利得）。由于在1962年末投入每只股票的金额相等，一个组合在1963年的年回报率是这个组合内各个股票收益率的简单平均数。

在1963年末，再次构建市值组合。重新计算每只股票的市值，然后根据市值排列所有股票并归入10个新的市值组合，还需假设执行一些交易，使投资在每只股票上的金额相等。这些步骤每年都要重复，直至1984年末。由于在纽约证券交易所和美国证券交易所上市的股票数目在1963～1984年间每年都有变化，每个市值组合包含的股票数目在此期间每年从146只至254只不等。

在本章节记录的股票假设表现结果，没有对交易成本或税收做调整，而且假设股票在发放股利后立即将现金股利进行再投资。如果股票在两家交易所退市，就假设卖出这只股票，出售的收入在当年剩余时间投资于标准普尔500指数。假设所有使每只股票在年初时保持获得相同投入资金的交易成交价格为上一年最后交易日的收盘价。

长期表现记录：1963～1984年

通过比较在1962年末假设的1美元投资于每个市值组合的累积回报结果，显示了市值和表现之间相反的关系（见表1.6）。到1984年末，投资于最小市值组合（MV1）的1美元增长到115.59美元。相比之下，投资于最大市值组合（MV10）的1美元只增长到6.21美元。

表 1.6　　　　1963～1984 年在 22 年内投资于 NYSE-AMEX 股票构成的 10 个市值组合的每一美元的增值

年份	最小市值组合 MV1	MV2	MV3	MV4	MV5	MV6	MV7	MV8	MV9	最大市值组合 MV10
					所有组合					
1963	$1.18	1.15	1.20	1.24	1.17	1.19	1.16	1.17	1.20	1.20
1964	1.41	1.42	1.46	1.46	1.37	1.35	1.36	1.37	1.41	1.38
1965	2.07	2.05	2.14	1.94	1.79	1.83	1.77	1.70	1.71	1.55
1966	1.96	1.92	1.97	1.88	1.67	1.69	1.68	1.61	1.64	1.44
1967	4.93	4.03	3.85	3.50	2.84	2.63	2.53	2.23	2.08	1.71
1968	9.52	6.71	5.75	4.81	3.89	3.40	3.24	2.68	2.46	1.93
1969	6.70	4.49	4.20	3.59	2.94	2.69	2.65	2.23	2.14	1.72
1970	5.58	3.97	3.70	3.20	2.88	2.54	2.51	2.18	2.17	1.76
1971	7.07	4.89	4.54	3.83	3.43	3.16	2.99	2.66	2.55	2.01
1972	7.67	4.88	4.74	4.00	3.73	3.39	3.17	3.01	2.79	2.40
1973	4.63	2.95	2.95	2.58	2.34	2.25	2.19	2.11	2.06	2.03
1974	3.93	2.36	2.32	1.86	1.71	1.55	1.60	1.49	1.55	1.52
1975	8.02	4.17	4.01	3.20	2.89	2.44	2.50	2.43	2.37	2.07
1976	13.21	6.76	6.23	4.91	4.40	3.77	3.64	3.41	3.22	2.59
1977	16.74	8.80	7.63	5.98	5.27	4.60	4.06	3.65	3.24	2.43
1978	23.55	11.41	9.58	7.57	6.01	5.46	4.72	4.05	3.53	2.58
1979	35.10	16.17	13.54	11.44	8.84	7.71	6.60	5.35	4.64	3.15
1980	46.85	21.32	17.92	15.85	11.84	10.68	8.71	6.99	6.19	4.13
1981	50.36	23.78	20.32	16.42	12.07	10.95	9.53	7.18	6.48	3.99
1982	76.66	32.06	27.09	21.44	15.76	14.48	11.68	9.19	7.88	4.71
1983	129.82	50.26	38.77	29.69	22.33	19.14	15.31	11.84	9.95	5.80
1984	115.59	47.70	36.45	29.70	21.61	19.31	15.76	11.90	10.28	6.21

在以上两个极端情况之间存在着并没有那么惊人的差异,但是随着市值下降,股票长期表现改善的现象依然很明显。在 22 年样本期间内,投资 1 美元于平均市值规模 1.5 亿美元的 MV7 组合增长到 15.76 美元,而投资 1 美元于平均市值规模 5 亿美元的 MV9 组合增长到 10.28 美元。

第 2 章

税收改革对产生收入的不动产的影响

杜鲁门·A. 克拉克、阿瑟·B. 拉弗

  1986 年的税收改革法案将以两种方式影响商业不动产的价值：第一，较低的税率将增加产生正的净营业收入和租金的所有资产的价值；第二，税法的改变将减少折旧资产的折旧税盾的价值。税收改革对不动产价值的净效应取决于以上两种影响的相对大小。

  由于没有折旧税收优惠的损失，无建筑的租地和拥有非折旧建筑的不动产将从税收改革中获益最大。折旧结构的不动产获益较少而且价值可能下降。然而，只要一种结构在 1988 年前的税法下是盈利的，它的价值在短期能将上升。

  以上评估与许多专家的预言相矛盾，他们认为税收改革将给产生收入的不动产带来严峻的后果。这些专家专注于以前法律下许多避税功能的减少或消除，同时低估了较低的税率对税后经营现金流的影响。因此，他们预测多种出租单元的价格下降约 20% 以维持投资者现有的收益率。他们同时预期公寓建设步伐放缓和住宅租金上涨约 20%。

  不动产悲观主义者也忽视了税收改革对整体经济的有利影响。较低的税率将使生产性活动获得较高的税后收益。由于个人和企业对强烈刺激的回应，经济将更快增长，总财富将上升。

  因为财富的增长，对不动产和其他资产的需求上升将趋于短期内提高它们的价格。对于资金，财富的增长将导致对出租单元需求的上升。租金在短期内将上涨，但是设立新的租赁结构的刺激将出现。随着出租单元供给的扩张，租金价格将下跌。租金很有可能最终将低于它们现在的水平 1~2 个百分点。

2.1 不动产的价值

不动产投资是两种资产投资的综合：土地和土地上的建筑物。就像投资组合的价值是它包含的所有证券价值之和，不动产的价值是土地和建筑物的价值之和。因此，税收改革对不动产的影响取决于它分别对土地和建筑物的影响。

以下分析在高度简化的情景下进行。只有税收法律特征可以改变，从这个意义上说它是完全静态的分析。进一步地，为了抽离融资对估值的影响，假设所有不动产都是 100% 权益融资。

2.2 土地价值的变动

一块土地的价值是它将来产生的所有税后现金流的现值之和。假设每年收到一个固定数额的税前租金持续到永远。土地拥有者收到的税后现金流是 1 减去他的收入税率的差与年租金的乘积。因为假设税前租金是永续的，土地的价值是年税后现金流除以投资于土地的税后必要报酬率。

为了说明，假设一块土地被用作一个停车场，它被以每年 100 美元的价格永久租用。如果这块土地属于一个企业，税收改革前的税率是 46%。该企业每年在缴税后可获得 54 美元。如果土地投资的税后必要报酬率为 5%，这块土地的价值为 1 080 美元。

为了集中于税法变化的静态结果，假设税前租金和必要报酬率保持不变。土地价值仅仅因为税率的变动而变化。从 1988 年 1 月 1 日起，新的税收系统全面生效，最高的企业税率为 34%。土地价值上升，因为企业所有者相对于在原有税法下的 54 美分，在新税法下每一美元的税前租金能获得 66 美分。税后租金增长的百分比为 12/54，或 22%。

因为假设税前租金和税后必要报酬率不变，土地价值增长的百分比等于税后租金收入增长的百分比。在以上每年租金 100 美元永久租用的例子中，企业所有者在 34% 的税率下现在每年税后能获得 66 美元。给定 5% 的折现率，现在土地价值 1 320 美元，高于税率为 46% 时的价值 22%。以上分析的意义很清楚。如果其他所有因素保持不变，税收改革下税率的下降将提升土地的价值。价值增长的大小取决于税收改革前后的税率。

2.3 建筑的价值

建筑可以产生两种现金流。第一,它可以产生一系列净经营收入(即租金减去日常维护、运营和房产税造成的现金流出)。第二,如果建筑是可以折旧的,它会产生一系列节税。税后经营现金流等于 1 减税率之差乘以净经营收入。如果税率是 46%,每一美元税前经营收入得到 54 美分税后收入。折旧本身不涉及现金流出,但是每一美元的折旧降低了一美元的应纳税收入。产生的节税量是税率乘以折旧费用。如果税率是 46%,每一美元折旧的税盾是 46 美分。

一个建筑的价值是税后净经营收入的现值与折旧税盾的现值之和。税收改革通过同时改变价值来源的两项来影响现有建筑的价值。

税率的降低增加每年税后净经营收入,但同时减少了每年折旧的节税量。税收改革对现有建筑价值的净效应取决于税后净经营收入获益和折旧税盾损失的相对大小。在检验税收改革对两种效应都存在的建筑的影响前,先考虑两种极端情况是有启发意义的:产生收入的非折旧建筑和不产生收入的折旧建筑。

2.4 产生收入的非折旧建筑的价值变动

如果一个建筑是非折旧的或者因为税务目的充分折旧,它只产生净经营收入。因为没有遭受折旧节税的损失,税率的降低将增加这种建筑的价值。如果税前净经营收入和产生收入的建筑的税后必要报酬率维持不变,非折旧建筑的获利是税收改革前后税率的函数。

举例说明,假设一幢建筑预期将在未来 50 年每年产生 1 000 美元的税前净经营收入。如果建筑的所有者是在 46% 税档的企业,税收改革前的税后现金流应该是每年 540 美元。假设税后必要报酬率为 10%,每年 540 美元共 50 年的现值之和为 5 354 美元。1986 年的税收改革法案将税率降低至 34%,所以该建筑将产生税后 660 美元的收益。这代表着税后现金流增长大约 22%。用 10% 的贴现率,每年 660 美元共 50 年的现值之和为 6 543.78 美元。因此,建筑的价值也增长了 22%——与每年税后净经营收入增加的百分比完全相同。

由于没有遭受折旧税收优惠减少的损失,非折旧的或充分折旧的产生收入的建筑是税收改革下最大的赢家。假设其他所有条件维持不变,非折旧建筑获利的百分比与土地价值增加的百分比相同。

2.5 不产生收入的折旧建筑的价值变动

试想一幢空置的建筑将不产生一点经营收入，也没有残值。如果该建筑出于税务目的还没有折旧完全，因为产生节税效应，它仍有价值。这类建筑可能会被认为是一个纯粹避税的手段。

税收改革不影响现有建筑的折旧费用分配。每年计提的折旧数量是固定的。税收改革只是通过降低税率影响现有建筑的价值。较低的税率降低了建筑的折旧税盾现值从而减少了不产生收入的折旧建筑的价值。例如，假设一幢建筑将在10年内每年产生100美元的折旧费用。若税率为46%，每年节税46美元。用5%作为税后折现率，10年内每年46美元的现值之和为355.2美元。

若税率为34%，每年折旧节税减少约26%。10年内每年34美元的现值之和在5%的折现率下为262.54美元。因此，避税价值下降了26%——与折旧节税量减少的百分比相等。

因为这类建筑没有从税后净经营收入方面获益，所以不产生收入的折旧建筑将是新税收改革下最大的输家。这种避税手段遭受的损失大小是税收改革前后的税率的函数。

2.6 产生收入的折旧建筑的价值变动

直觉告诉我们，产生收入的折旧建筑价值的变动百分比介于上述两种极端情况之间。事实证明，产生收入的折旧建筑价值净收益或损失的百分比是产生收入的非折旧建筑获利百分比和不产生收入的折旧建筑损失的百分比的平均值。

考虑一幢建筑，它是刚才所描述的两种建筑的综合。这种建筑预期在未来50年内每年产生1 000美元净经营收入，并在未来10年内每年产生100美元的折旧费用。使用46%的税率，10%的税后净经营收入回报率，折旧费用的税后折现率为5%，该建筑的初始价值为5 709.2美元。[①] 这是税后经营收入的现值（5 354美元）和折旧税盾现值（355.2美元）之和。应当指出的是，折旧税盾占建

---

① 如果建筑的所有者确定在未来数年有足够的应税收入，折旧的节税效果可以在每年充分实现。在这样的情况下，折旧税盾是无风险的。相比之下，建筑每年的净经营收入更有风险。为了补偿它们更大的风险，预期净经营收入将用比无风险的折旧节税使用的更高的折现率。

筑初始价值的 6%。

当税率从 46% 降低至 34%，税后净经营收入的现值上升约 22%，至 6 543.78 美元。同时，折旧税盾的现值下降约 26%，至 262.54 美元。在新的税收系统下，这个建筑价值 6 806.32 美元，其价值上涨了约 19%。这个增长是税后经营收入增加 22% 和折旧税盾损失 26% 的加权平均。折旧税盾 26% 的损失的权重用的是折旧节税在建筑初始价值中 6% 的占比。税后净经营现金收入 22% 增长的权重是 94%（或 1 减去折旧节税在建筑初始价值中的占比）。

正如人们所预料的，初始建筑价值中的折旧节税占比越小，建筑价值增加越多。初始建筑价值中的折旧节税占比越大，价值增加越少或损失越大。

继续使用 46% 和 34% 的企业税率，随着折旧节税在初始价值中的占比从零增长至 100%，现有建筑价值的增长从 22% 下降至 −26%（见表 2.1）。关键的盈亏平衡点是 46% 的占比。当折旧节税的份额小于 46%，建筑的价值增加。当折旧节税恰好占初始建筑价值的 46%，建筑的价值不受税收改革的影响。经营收入的增加完全被折旧节税的损失抵消。当折旧税盾份额超过 46%，建筑价值降低。

表 2.1　现有建筑价值变动与折旧税盾占比

折旧税盾占现有建筑价值比例（%）	建筑价值变动百分比（%）
0	22.2
10	17.4
20	12.6
30	7.7
40	2.9
46	0
50	−1.9
60	−6.8
70	−11.6
80	−16.4
90	−21.3
100	−26.1

更概括地说,如果现有建筑产生收入的现值足够大于它作为避税目的的价值,那么当税率下降时,它的价值会上升。折旧税收优惠占比的临界点等于现行税法下应用的税率。假如折旧税盾在初始建筑价值中的占比小于现行所得税,那么产生收入的折旧建筑的价值将会上升。

2.7 哪些现有建筑将会从税收改革中获益?

一个建筑损益的大小依赖于整体价值中归因于折旧节税部分的这个概念具有直观的吸引力。然而,它可能没有什么实际的意义。在这一节中,将讨论三种条件以确定降低税率是否能够增加现有建筑的价值:盈利能力、折旧和账面价值。[①]

盈利能力:如果一个建筑的税前净经营收入的现值超过剩余折旧费用的现值,这个建筑将更有价值。一个建筑在任一年内的税前利润是其当年净经营收入和折旧费用之差。所有利润的现值是所有未来净经营收入的现值与剩余折旧费用现值之差。因此,当税率下调时,一个有盈利的建筑,在某种意义上是税前利润的现值为正,其价值将增加。

折旧:较低的税率将增加一个现有建筑的价值,如果这个建筑的现有价值超过剩余折旧费用的现值。虽然很难为这种情况提供一个直观的理由,但是相对容易计算。因此,这种情况在实际应用中非常有用,并且根据现行税法经济上合理的新建筑一定满足以上情况。建筑的初始价值等于未来预期税后现金流的现值。新建筑的净现值(NPV)等于初始价值减去它的成本。为了建造上经济合理,净现值一定大于或等于零。

虽然所有未来折旧费用之和等于建造成本,因为折现的原因,所有折旧费用的现值一定小于建筑的原始成本。如果一个新建筑有非负的净现值,那么它的价值大于或等于其成本,并且一定超过它的折旧费用的现值。因此,满足经济要求,即一个新建筑有非负的净现值保证了最新完工建筑的价值将会因较低的税率而上升。

账面价值:另一个实用的经验法则可以表示为现有建筑的账面价值。如果在现行税法下一个现有建筑的价值等于或超过它的账面价值,那么较低的税率

---

① 对于这三个条件下的推导以及本章中的其他命题,请见附录。

将增加它的价值。[①]

简言之，如果满足以下同等条件，税率的降低将增加现有建筑的价值：
- 税前利润的现值为正。
- 建筑的初始价值超过所有剩余折旧费用的现值。
- 建筑的初始价值等于或超过它的账面价值。

2.8 算例

到目前为止所讨论的结果是一般情况下的它们独立于未来现金流使用的折现率、建筑的年限和折旧费用特定的分配方法。然而，税收改革对特定建筑的影响依赖于这些变量的值。用一个算例来显示这些变量的变化如何影响假定建筑的价值。

试想一个刚刚完工的建筑，它有 50 年的运营年限，且预期在未来 50 年内每年创造 100 美元的税前净经营收入。在现行税法下，该建筑应使用加速成本回收制度（ACRS）或者直线法（S-L）在 18 年内进行折旧。50 年后，该建筑将毫无价值。在它完工时点，净现值为零。

税率从 46% 降至 34% 导致建筑价值的变化能在折旧期内任何时点计算得到。为了做到这点，需确定用于经营收入和折旧节税部分的折现率。假定适用于折旧税盾的无风险利率取值 1%、4% 和 7%。经营收入的折现率假设等于无风险利率加上 6%。同时用 ACRS 和 S-L 方法进行折旧。

随着剩余折旧年限从 18 年下降至零，建筑价值增加的百分比上升（见表 2.2）。当建筑是全新的还有 18 年折旧年限时，降低税率导致的建筑价值收益相对较小。从 ACRS 下无风险利率 1% 时的 1.7% 变化到 S-L 下无风险利率 7% 时的 9.8%。当建筑已经折旧 17 年剩余 1 年折旧时，收益超过 20%。当建筑充分折旧时，收益为 22%。

建筑折旧越充分收益越大应该不足为奇。因为越来越多的折旧节税效果实现后，剩余折旧税盾的现值对建筑总价值的相对贡献将下降。当建筑充分折旧，就没有进一步节税的空间。从这一点上，在建筑的运营周期中，任何税收的下降将导致剩余经营现金流的价值增加，并且没有税盾价值减少的抵消效应。

[①] 这个命题的逆命题（即如果现行税法下一个建筑的账面价值超过它的价值，调低税率将使建筑价值更低）不一定是对的。如果建筑的当前价值超过了剩余折旧费用的现值，即使建筑的账面价值超过了它的当前价值，调低税率仍然可以使它价值更高。

对于折旧充分的建筑收益得到了最大化。

表 2.2　　　　　　　　　　假设建筑的价值变动百分比

剩余折旧年限	剩余运营年限	由于税制改革而增加的价值					
		ACRS			直线法		
		无风险贴现率			无风险贴现率		
		1%	4%	7%	1%	4%	7%
0	1~32	22.2%	22.2%	22.2%	22.2%	22.2%	22.2%
1	33	20.5	20.8	21.0	20.0	20.5	20.7
2	34	18.9	19.5	19.8	18.1	18.9	19.4
3	35	17.4	18.3	18.9	16.4	17.5	18.2
4	36	16.1	17.3	18.0	14.5	16.3	17.1
5	37	14.8	16.3	17.2	13.4	15.1	16.2
6	38	13.7	15.4	16.5	12.1	14.1	15.4
7	39	12.7	14.6	15.8	10.8	13.2	14.6
8	40	11.7	13.8	15.2	9.7	12.3	14.0
9	41	10.8	13.1	14.7	8.7	11.5	13.3
10	42	9.9	12.5	14.2	7.8	10.8	12.8
11	43	9.0	11.8	13.7	6.9	10.1	12.3
12	44	8.1	11.1	13.1	6.0	9.5	11.8
13	45	7.1	10.3	12.5	5.3	8.9	11.4
14	46	6.1	9.5	11.8	4.5	8.4	11.0
15	47	5.1	8.6	11.1	3.8	7.9	10.7
16	48	4.0	7.7	10.3	3.2	7.4	10.4
17	49	2.9	6.8	9.5	2.6	7.0	10.1
18	50	2.7	5.7	8.6	22.0	6.6	9.8

ACRS 和 S-L 折旧方法获益的差异随着剩余折旧费用的变化而变化。对于接近折旧年限开始的建筑，S-L 法的获益大于相应的 ACRS 法。在使用 4% 作为无风险利率，剩余折旧年限为 18 年时，S-L 法的收益是 6.6% 而 ACRS 是 5.7%。当剩余折旧年限为 17 年时，S-L 法的收益是 7% 而 ACRS 是 6.8%。直

线折旧法的相对优势快速消失。在 4% 的折现率下,当剩余折旧年限小于等于 16 年时,ACRS 法的获益超过 S-L。ACRS 和 S-L 折旧分配的不同模式可以解释以上现象。ACRS 比 S-L 在前期使用更大比例的折旧费用,后期则更少。因此,当较大的前期费用发生时,ACRS 折旧费用的现值将超过 S-L 折旧费用的现值。一旦较大的前期 ACRS 折旧费用用完,剩余 S-L 折旧费用的现值将超过 ACRS 的。因此,早期 ACRS 在建筑的价值中产生了较大比例的折旧节税,造成在税率降低情况下相对于 S-L 法较少的获益。然而,经过短短几年,S-L 法下剩余折旧费用将产生在建筑价值中较大占比的折旧节税从而导致相对于 ACRS 法较少的获益。

这个例子表明以下关于由降低税率产生的现有折旧建筑获益大小的结论:
- 如果一个建筑在充分折旧以后继续创造净经营收入,那么该建筑折旧越充分,获益就越大。
- 使用 ACRS 法替代直线法将获益更大,除非建筑的剩余折旧年限很长(比如 17～18 年)。

2.9 建筑接近完工时价值的变动

税收改革对接近完工的建筑的影响并不是因为税率的变化。假设所有经营收入和折旧费用将在新的税率完全生效以后实现,所有未来的收入和折旧核销将受相同税率的作用。相反,税收改革将通过决定可能使用的折旧分配方案影响接近完工建筑的价值。

1987 年 1 月 1 日以前完工的建筑将采用 ACRS 或 S-L 方法在未来 18 年计提折旧。除非由一个"过渡规则"豁免,1986 年 12 月 31 日以后完工的建筑将面临更长的折旧期限。在 1986 年税收改革法案下,只允许使用直线折旧法。住宅用建筑的折旧年限为 27.5 年,非住宅用建筑将使用 31.5 年的折旧年限。由于折旧年限延长,1987 年 1 月 1 日前完工的建筑将比 1986 年 12 月 31 日后完工的相同的建筑价值更高。

将建筑价值的变动表示为建造成本的一部分,可以分别计算出在不同税后无风险利率下新税法生效前后建筑价值的变动(见表 2.3)。因为折旧年限的延长,税收改革对新的非住宅用建筑价值的影响比新的住宅用价值更大。在 4% 的折现率下,一个完工于 1987 年 1 月 1 日前的用直线法折旧 18 年的非住宅建筑比较晚完工的用直线法折旧 31.5 年的非住宅建筑价值高 4.77%。对于住宅建筑同样使用 4% 的折现率,使用直线法折旧 18 年比 27.5 年的价值高 3.52%。

表 2.3　　　　　　　　完工于 1987 年 1 月 1 日以前的新建筑的超额价值

税后无风险利率(%)	住宅用建筑 ACRS to S-L(27.5)(%)	住宅用建筑 S-L(18) to S-L(27.5)(%)	非住宅用建筑 ADRS to S-L(31.5)(%)	非住宅用建筑 S-L(18) to S-L(31.5)(%)
1	1.79	1.38	2.35	1.93
2	3.12	2.36	4.04	3.27
3	4.11	3.05	5.24	4.18
4	4.82	3.52	6.08	4.77
5	5.33	3.82	6.64	5.14
6	5.68	4.00	7.01	5.33
7	5.92	4.09	7.24	5.41

使用加速折旧法比直线法更有价值,如果使用 ACRS 而不是 S-L,1986 年完工的新建筑价值的差异将更大。在 4% 的折现率下,住宅用建筑使用 ACRS 折旧 27.5 年的价值比使用 S-L 高 4.82%。同样的建筑使用直线法折旧 18 年仅比直线法折旧 27.5 年的价值高 3.52%。

较高的折现率会降低较长期限直线折旧相对于较短期限折旧或加速折旧的现值。因此,折现率越高,在新税法生效前后完工建筑的价值差异就越大。对于一个用 ACRS 代替 S-L 折旧 27.5 年的住宅用建筑,价值的差异在 2% 的折现率时是 3.12%,在 5% 的折现率时是 5.33%。

2.10　租金展望:短期

在短期内,租金水平根据对租赁空间的需求和现有供给之间的平衡而调整。基于对租赁面积的需求(D^0D^0)和初始供给(S^0S^0),短期每单位租赁空间的租金率为 r^*(见图 2.1)。由于新税收系统在 1988 年完全生效,经济的长期增长潜力将被永久提高。降低税率增加生产性活动的税后回报。最高的个人税率将从原先的 50% 降至 28%(或许对于有些纳税人是 33%)。个人可以至少保留 72 美分而不是原先的仅仅 50 美分。这代表了创造收入的刺激增长了 44%。较低的边际税率将增强工作、雇佣、生产、投资的刺激。税率的降低将导致始于 1988 年 1 月 1 日的大幅加速的经济增长。①

税收改革对租赁市场一开始的影响将体现在需求端。由于收入和财富的增长,对租赁空间的需求将扩张。租赁空间的需求从 D^0D^0 转移至 D^1D^1,短期内租金将从 r^* 上升至 r^1(见图 2.1)。

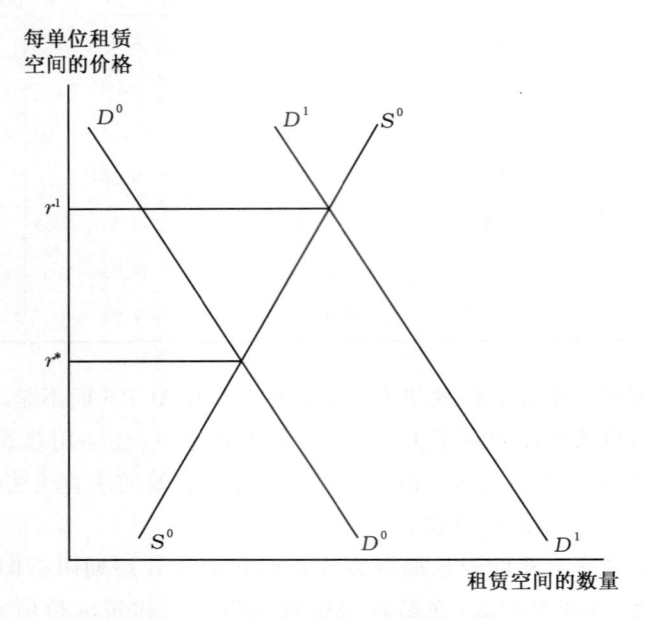

图 2.1　租赁空间市场:短期均衡

2.11　租金展望:长期

在长期,租金调整使投资建筑的收益率完全等于必要报酬率。如果当租金为 r^1 时建筑所有者正在实现超额回报率,将会存在建立新建筑的刺激。保持需求在 D^1D^1 不变,租金率将下跌至 r^2,因为租赁空间的供给从 S^0S^0 增长至 S^1S^1(见图 2.2)。新的建筑将继续被建造起来直到租金率下跌充分从而投资新建筑的超额回报率被消除。当建筑的供给扩张至 S^2S^2 使租金率再次达到 r^* 时,新建筑的投资恰好达到必要回报率,并且租赁空间的市场达到长期均衡(见图 2.2)。

在长期,租赁空间的供给在租金率为 r^* 水平时有完全的弹性,租赁空间需求的变动对长期均衡租金率没有影响。在长期内,租赁空间的需求决定了租赁

---

① Truman A. Clark, "Just Wait'Til '88", A. B. Laffer Associates(August 26,1986).

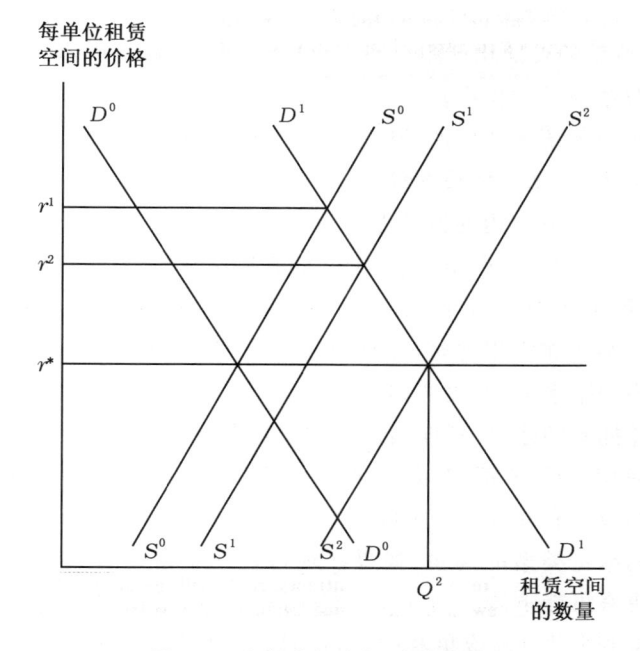

图 2.2 租赁空间市场：长期均衡

空间的均衡数量(Q^2)。长期均衡租金率(r^*)完全由供给条件决定，即对新建筑的投资恰好得到必要回报率。

税收改革有可能扰乱现有租赁市场的长期均衡。在给定的租金率，降低税率将导致租赁建筑营运产生的税后现金流增加。这会增加投资于新建筑的税后回报率。降低税率也会减少折旧费用产生的节税效果。除此之外，税收改革下延长不动产的折旧分配期限进一步减少了折旧税盾的现值。折旧带来的税收优惠的减少会降低投资于新建筑的税后回报率。经营收入收益和折旧税盾的损失对回报率的净效应将决定长期均衡租金率上升还是下降。

如果税后经营收入的获益超过由折旧带来的税收优惠的损失，在新税法规定下完成的新建筑在初始均衡租金率为 r^* 时，将产生超额回报率。为了获取存在的超额回报，新的建筑将被建造。随着租赁空间的供给扩张，租金率将会下降，直到新建筑投资的超额回报率不再存在。或者，如果折旧带来的税收优惠的损失超过了税后经营收入的获益，新建筑投资的收益在租金率为 r^* 时将会低于必要回报率。不会再有新的建筑被建造，随着现有建筑退出服务，租赁空间的供给将减少。由于租赁空间供给的收缩，租金率将会上升至 r^* 以上直到新建筑的投资再一次产生足够的回报率。

假设建造新的租赁建筑的成本保持不变和不动产投资的税后必要回报率不变,税收改革后的长期均衡租金率变化的比率将由以下因素决定:
- 税收改革前后的税率;
- 现有税收系统下使用的折旧分配表(即 ACRS 或 S-L);
- 建筑的类型(即住宅或非住宅);
- 折旧节税部分使用的税后无风险贴现率水平。

根据这些变量的值,租金在长期内可能上升或下降。举例说明,考虑公司拥有的建筑,税率从 46% 降至 34%。可以估计不同条件下长期租金率的变化,即住宅用建筑和非住宅用建筑,在现行税法下使用 ACRS 或 S-L 折旧,以及不同税后无风险利率水平(见表 2.4)。

对于企业拥有的建筑,长期内住宅租金比非住宅租金更可能下跌。假设在现行税制下使用 ACRS 折旧,住宅租金将会下降,除非税后无风险利率小于 2%;非住宅租金只有在税后无风险利率超过 4% 的情况下下降(见表 2.4)。对于企业拥有的给定类型的建筑,如果在现行税法下使用直线法替代 ACRS,租金率长期内更有可能下降。对于非住宅用建筑,如果使用直线折旧法,租金率在税后无风险利率为 1% 或更高时下降;使用 ACRS 折旧的情况下,租金率只有在折现率超过 4% 时下降。对于现行税法下特定类型的建筑和特定的折旧方法,长期内折旧节税部分使用的税后折现率越高,租金率就越可能下降。对于使用 ACRS 的住宅用建筑,如果折现率大于 1%,租金率下跌。

表 2.4　　　　　　　　新完工建筑的租金变动百分比

税后无风险利率(%)	住宅建筑		非住宅建筑	
	ACRS to S-L(27.5)(%)	S-L(18) to S-L(27.5)(%)	ADRS to S-L(31.5)(%)	S-L(18) to S-L(31.5)(%)
1	0.12	−0.84	0.91	−0.06
2	−0.12	−1.79	1.11	−0.58
3	−0.58	−2.77	0.88	−1.34
4	−1.15	−3.72	0.41	−2.20
5	−1.78	−4.63	−0.19	−3.10
6	−2.43	−5.49	−0.87	−4.84
7	−3.08	−6.29	−1.57	−5.64

对于企业拥有的建筑,税收改革在以下情况下更有可能导致长期租金率的下降:(1)如果该建筑是住宅而不是非住宅;(2)如果在现行税法下使用直线折旧法替代 ACRS;(3)较高的税后无风险利率水平。

为了预测长期租金的变动,假设企业是住宅和非住宅商业房地产市场的边际投资者。现行税法的夺回条款对选择 ACRS 或 S-L 折旧法有巨大的影响。①折旧建筑的企业所有者更有可能将直线折旧法用于非住宅用建筑而不是住宅用建筑。假设长期国债的收益率(代表无风险利率)为 7.5% 左右。在 46% 的企业税率下,税后无风险利率约为 4%。

假设现在使用 ACRS 折旧住宅建筑并且折现率维持在 4%,长期住宅租金将下跌约 1%(见表 2.4)。假设现在使用直线法折旧非住宅建筑并使用 4% 的折现率,长期非住宅租金将下跌约 2%。

总结关于房地产租赁市场的分析,税收改革最初的影响将暂时地提高租金。作为税收刺激提高的回应,经济扩张的速度将加快,对租赁空间的需求将从 D_0D_0 增加至 D_1D_1(见图2.3)。因此,租金将从 r^* 上升至 r^1。假设租赁市场起初在 r^* 的租金率处于长期均衡,增长至 r^1 的租金率将产生建筑投资的超额回报率。随着为了获取超额回报而建立的新建筑增加,租赁空间的供给将从 S_0S_0 扩大至 S_2S_2。

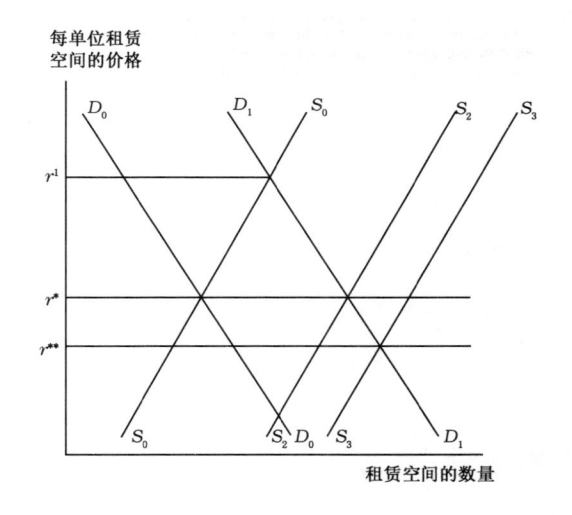

图 2.3　租赁空间市场:税收改革导致长期均衡租金率降低

---

① "夺回"是指对出售物业时获取的部分长期资本收益征税。受"夺回"影响的获益部分取决于:(1)物业所有者的类型(个人或企业);(2)建筑的类型(住宅或非住宅);(3)使用的折旧方法(ACRS 或 S-L)。关于夺回条款更全面的讨论,请查阅 David Dale-Johnson, "Federal Income Taxation of Income Producing Real Estate", *Real Estate Review*, Vol. 14, No. 2, Summer 1984, pp. 94—100。

最后,在初始的均衡租金率 r^*,较低的税率和延长的折旧分配表的净效应看来可能导致新建筑的超额回报率。因此,租赁空间的供给将继续扩大至 S_3S_3。租金率将跌至 r^{**},此处新建筑的超额回报率不复存在,租赁空间市场将处于一个新的长期均衡。

2.12　结论

经济上可行的不动产将从税收改革中受益。如果一个产生收入的不动产在 1988 年 1 月 1 日以前是盈利的,它的价值将会由于税收改革而上升。折旧越充分的建筑受益越大。不动产中最大的赢家是没有建筑的租赁土地和拥有非折旧建筑的地产。唯一的失败者将是大多数价值来源于避税的地产。从稀缺资源有效利用的角度看,不鼓励对减税方面的投资是可取的。这是税收改革的又一大好处。

对于租户的长远前景是好的。虽然因为对租赁空间的需求增长,租金可能在短期内上涨,但租金最终将由于租赁空间的供给扩张而下跌。最后,租金可能比当初的水平低 1‰~2‰。

附录

不动产的价值

不动产投资是一种两个资产的复合投资:土地和土地上的建筑。不动产的价值(RE)是土地价值(L)与建筑价值(S)之和:

$$RE = L + S \tag{1}$$

土地价值的变动

一块土地的价值是它将要产生的税后现金流的现值。假设未来每年能收到 R 美元的税前租金。让 x 代表税率,a 代表土地投资的税后必要回报率,则:

$$L = (1-x)R/a \tag{2}$$

使 x_0 表示现行税法下的税率,土地的初始价值为:

$$L_0 = (1-x_0)R/a \tag{3}$$

为了集中于税法变动的静态结果,假设 R 和 a 保持不变。土地价值的变动仅仅因为税率的变动而变动。用 x_1 表示新的税率,土地新的价值将是:

$$L_1 = (1-x_1)R/a \tag{4}$$

如果税率下降,土地价值上升,土地价值增长的百分比是税率变动的函数:

$$(L_1-L_0)/L_0 = (x_0-x_1)/(1-x_0) \tag{5}$$

折旧建筑的价值

建筑的价值是其产生的税后现金流的现值。有以下假设:

1. 该建筑有 N 年的生产年限(即它将产生 N 年的净营业收入,然后变得毫无价值);
2. 在 t 年的税前净营业收入是 NOI_t 美元;
3. 在 t 年的折旧费用是建筑历史成本(C)的百分之 d_t;
4. 该建筑的剩余折旧费用还要摊销 K 年;
5. 营运现金流的税后必要回报率为 k;
6. 折旧费用创造的税盾是无风险的,折旧税盾适用的折现率(i)是税后无风险利率;
7. x 仍然表示适用税率。

基于以上假设,建筑的价值(S)为:

$$S = (1-x)\sum_{t=1}^{N}\frac{NOI_t}{(1+k)^t} + xC\sum_{t=1}^{K}\frac{d_t}{(1+i)^t} \tag{6}$$

等式(6)右边的第一项是税后经营现金流的现值,第二项是折旧费用产生的税盾的现值。

为了简化表达式,定义 Y 为税前经营现金流的现值:

$$Y = \sum_{t=1}^{N} NOI_t/(1+k)^t \tag{7}$$

定义 D 为剩余每年折旧现值的因子:

$$D = \sum_{t=1}^{K} d_t/(1+i)^t \tag{8}$$

等式(6)可重新表示为:

$$S = (1-x)Y + xCD \tag{9}$$

令初始税率为 x_0,则:

$$S_0 = (1-x_0)Y + x_0 CD \tag{10}$$

现有折旧建筑价值的变动

在新税法下现有折旧建筑的折旧表没有改变。建筑的价值只受税率变动的影响。当税率变为 x_1 时,建筑新的价值为:

$$S_1 = (1-x_1)Y + x_1 CD \tag{11}$$

建筑价值的变化为：

$$S_1 - S_0 = (x_0 - x_1)(Y - CD) \tag{12}$$

由于条件是税率下降，所以 x_0 是大于 x_1 的。根据等式(12)，如果符合不等式(13)，则建筑的价值增加

$$Y > CD \tag{13}$$

不等式(13)表示，如果税前现金流的现值超过剩余折旧费用的现值，那么该建筑的价值增加。

不等式(13)可以表达为一个建筑生命周期内的盈利能力。在 t 年的税前盈利是净经营收入(NOI_t)和当年折旧费用(Cd_t)之差：

$$p_t = NOI_t - Cd_t \tag{14}$$

建筑在剩余期限内的盈利的现值(P)是所有未来税前净经营收入(Y)的现值与所有剩余折旧费用(CD)现值的差：

$$P = Y - CD \tag{15}$$

因此，一个盈利的建筑即拥有正的税前利润的现值满足不等式(13)，并且当税率下降时价值上升。

不等式(13)所表达的情况可以重新表示为建筑现在的价值(S_0)。因为 $S_0 = (1-x_0)Y + x_0 CD$，如果 $Y > CD$，那么：

$$S_0 > CD \tag{16}$$

根据不等式(16)，如果建筑现有的价值超过了剩余折旧费用的现值，税率的降低将增加现有建筑的价值。

$$BV = C - C \sum_{t=-J}^{O} d_t \tag{17}$$

如果历史成本至第 K 年充分折旧，所有从 $-J$ 至 K 的折旧因子之和必须等于1。

$$\sum_{t=-J}^{K} d_t = 1 \tag{18}$$

从等式(18)可知，它遵循：

$$1 > \sum_{t=-J}^{0} d_t + \sum_{t=1}^{K} d_t / (1+i)^t \tag{19}$$

因为 $i > 0$，转换不等式(19)，再对两边同时乘以 C(历史成本)，得：

$$C - C \sum_{t=-J}^{0} d_t > C \sum_{t=1}^{K} d_t / (1+i)^t \tag{20}$$

从等式(17)可知，不等式(20)的左边是建筑的账面价值。从等式(8)可知，不等

式(20)的右边等于 CD。因此：
$$BV > CD \tag{21}$$
不等式(21)表明建筑的账面价值必须超过剩余折旧费用的现值。

由于 BV 大于 CD，不等式(16)将在建筑的当前价值大于或等于账面价值的时候成立。
$$S_0 \geqslant BV > CD \tag{22}$$

因此，如果一个现有建筑的当前价值大于或等于账面价值，降低税率将增加该建筑的价值。[①]

不等式(16)满足所有在税收改革生效前进入服务的新建筑。根据定义，建筑的净现值(NPV)是其未来税后现金流的现值减去成本：
$$NPV = S_0 - C \tag{23}$$
对于经济合理的建筑建造，净现值必须是非负的，或表示为：
$$S_0 \geqslant C \tag{24}$$
因为折现，等式(8)中定义的 D 小于 1。因此，一个新建筑所有的折旧费用的现值一定小于建筑的原始成本(C)：
$$C > CD \tag{25}$$

结合不等式(24)和(25)，它遵循 S_0 必须大于 CD，使得不等式(16)成立。因此，满足一个新建筑拥有非负净现值的经济要求，确保了新完工建筑的价值将随税率的降低而上升。

接近完工建筑价值的变动

1987 年 1 月 1 日前完工的建筑可以使用 ACRS 或 S-L 折旧表折旧 18 年。1986 年 12 月 31 日后完工的建筑将使用较长期限的折旧表。在新税法下，只有 S-L 法被允许使用。住宅建筑折旧年限被指定为 27.5 年，非住宅建筑的折旧年限将为 31.5 年。

修改先前使用的框架，令 S_0 表示 1987 年 1 月 1 日前完工建筑的价值：
$$S_0 = (1 - x_1)Y + x_1 CD_0 \tag{26}$$

像之前一样，x_1 是新税法下的税率，Y 是未来税前经营现金流的现值，C 是历史成本。

D_0 代表在现行税法下未来 18 年的折旧因子的现值之和：

[①] 需要指出的是，$BV > S_0$ 并不一定意味着调低税率将降低建筑的价值。如果 $BV > S_0 > CD$，调低税率将增加建筑的价值。

$$D_0 = \sum_{t=1}^{18} d_t/(1+i)^t \qquad (27)$$

令 S_1 代表完工于 1986 年 12 月 31 日后的相同建筑：

$$S_1 = (1-x_1)Y + x_1CD_1 \qquad (28)$$

D_1 代表在新税法下未来折现因子的现值：

$$D_1 = \sum_{t=1}^{K} d_t/(1+i)^t \qquad (29)$$

在等式(29)中，如果建筑是住宅，那么将折旧 27.5 年，$K=28$；如果建筑是非住宅，那么将折旧 31.5 年，$K=32$。

用 S_0 减去 S_1，得：

$$S_0 - S_1 = x_1C(D_0 - D_1) \qquad (30)$$

D_0 大于 D_1，因为在 ACRS 或 S-L 法的 18 年内一系列折旧因子的现值之和一定超过 S-L 法的 28 年或更长期限内折旧因子的现值之和。由于延长了的折旧表，1986 年完工的建筑将比在 1987 年完工的相同的建筑更有价值。

鉴于建筑使用的折旧表越快速就越有价值，新建筑的买家为 1987 年 1 月 1 日前完工的建筑支付溢价。他们支付的溢价等于从更快折旧表中获益的数量。

为了计算溢价，令 NPV_1 表示 1987 年 1 月 1 日完工时的净现值：

$$NPV_1 = (1-x_1)Y + x_1CD_1 - C \qquad (31)$$

令 C^* 表示买家为保证在 1987 年 1 月 1 日前完工而发生的最大费用。假设 C^* 超过 C 的增量是应计入折旧的，因此 C^* 将是折旧基础。

$$NPV_0^* = (1-x_1)Y + x_1C^*D_0 - C^*.C - CC - C \qquad (32)$$

为了使不同的完工日期对净现值不产生影响，令 $NPV_1 = NPV_0^*$，得：

$$x_1CD_1 - C = x_1C^*D_0 - C^* \qquad (33)$$

或重新整理等式(33)并解 C^*/C：

$$C^*/C = (1-x_1D_1)/(1-x_1D_0) \qquad (34)$$

从等式(34)解得，买家愿意在现有的报价(C)上为 1987 年 1 月 1 日前完工支付的最大溢价为：

$$\frac{C^* - C}{C} = x_1(D_0 - D_1)/(1 - x_1D_0) \qquad (35)$$

租金展望

新建筑的净现值(NPV)是预期寿命内税后现金流的现值与成本(C)现值的差：

$$NPV = (1-x)Y + xCD - C \qquad (36)$$

如果其净现值为正,一个新的建筑将被建造。

给定对租赁空间的需求,供给的增加将导致租金的下降。维持建造新建筑的成本、投资的税后必要回报率、税法的条款不变,租金将下降,直到潜在新建建筑净经营收入(Y)的现值即 NPV 为零。在等式(36)中,如果 $NPV=0$,那么:

$$Y=C(1-xD)/(1-x) \tag{37}$$

当潜在新建建筑的 NPV 为零,未来的建造者将对建造与不建造无偏好。在这一点时,租赁空间的市场将处于长期均衡。

根据现行税法规定,净经营收入(Y_0)现值的长期均衡为:

$$Y_0=C(1-x_0 D_0)/(1-x_0) \tag{38}$$

在等式(38)中:x_0 代表现行税法下的税率;D_0 同等式(27)中的定义,代表现行税法下年度折旧因子的现值。

税收改革打破了初始的均衡。假设建造新建筑的成本和投资的税后必要回报率保持不变,税法的变动导致净经营收入(Y_1)现值新的均衡点:

$$Y_1=C(1-x_1 D_1)/(1-x_1) \tag{39}$$

在等式(39)中:x_1 代表新的税率;D_1 同等式(29)中的定义,代表新的税法下年度折旧因子的现值。

均衡的净经营收入现值(和均衡的租金率)在税收改革后更低。如果:

$$Y_0>Y_1 \tag{40}$$

根据等式(38)和(39),不等式(40)满足的条件是:

$$(1-x_1)/(1-x_0)>(1-x_1 D_1)/(1-x_0 D_0) \tag{41}$$

从不等式(41)中可以看出,租金的变动取决于税收改革前后的税率和税收改革前后每年折旧因子的现值。相应地,折旧因子的现值依赖于使用的特定折旧表(即 ACRS 或 S-L)和应用于折旧因子的税后折现率。租金在税收系统发生变动后的上升或下降随这些变量的值而定。

第3章

利率跳水400个基点的案例

大卫·F. 英格兰、阿瑟·B. 拉弗

当前低风险、长期限证券的利率相对于通胀率非常高,导致异常高的实际收益率。如此高的实际收益率不能持续。因此,可以预期利率和通胀率的差将减小。该差距的收窄是由于通胀率的上升还是利率的下降?

商品和货币市场的发展意味着低通胀。商品供给相对于货币供给增长得越多,通胀率就越低。1988年税率的下降预示着未来几年经济强劲的增长和相应的对通胀的限制。货币对于控制通胀的作用同样有效。一段时间以来,联邦储备委员会淡化了货币增长目标转而更注重价格目标。进一步行动即正式采用价格规则将可以保证持续的价格稳定。

如果通胀维持低位,利率应该更低。利率不仅要下降到足以维持与通胀的平价关系,而且因为税收的乘数效应,当通胀下行时,利率应该下降更多。税率有另一个效果。税率越低,相对于通胀率的利率就应该越低。最后,经测量的通胀率随着时间的推移往往倾向于越来越高估真实的通胀水平。所以,如今利率和经测量的通胀率之差相对于历史均值应该是偏低的。

结合通胀、税率和通胀误测的多种影响,20世纪80年代后期和90年代前期的利率相对于通胀应该是非常低的。我们有一个经测量的通胀率数据,该数据在最近的历史上是最小数据中的一个,同时真实的通胀率比该经测量的通胀率更低。另外,1986年的税收改革法案将从1988年1月1日起降低税率至20世纪20年代以来的最低水平。在低通胀和税收环境的基础上,利率在这10年的剩余时间里将大幅下降。20世纪90年代早期,长期政府债券很可能收益率低至 3%～4%，抵押贷款利率可能在 4%～5%。

短期和长期的各期限利率将在 20 世纪 80 年代后期和 20 世纪 90 年代早期大幅下降。这些巨大的发展同时创造出了极端的金融隐患和过度的获利机会。在 20 世纪 80 年代早期，货币理智在美国恢复，财富被创造和失去。随着利率急剧下降，更多的财富将会消失，同时更多的财富将被创造。配置和资产的处置变得至关重要。

近期，低风险长期限证券的利率相对于当前年化通胀率非常高。例如，在 1987 年中的一天美国长期国债的收益率接近 7.5%。同时，消费者物价通胀率在接近年化 1.1% 处运行。所产生的近 6.4% 的实际收益率是历史较高水平，并且实际收益率在高位持续了很长一段时间（见图 3.1）。

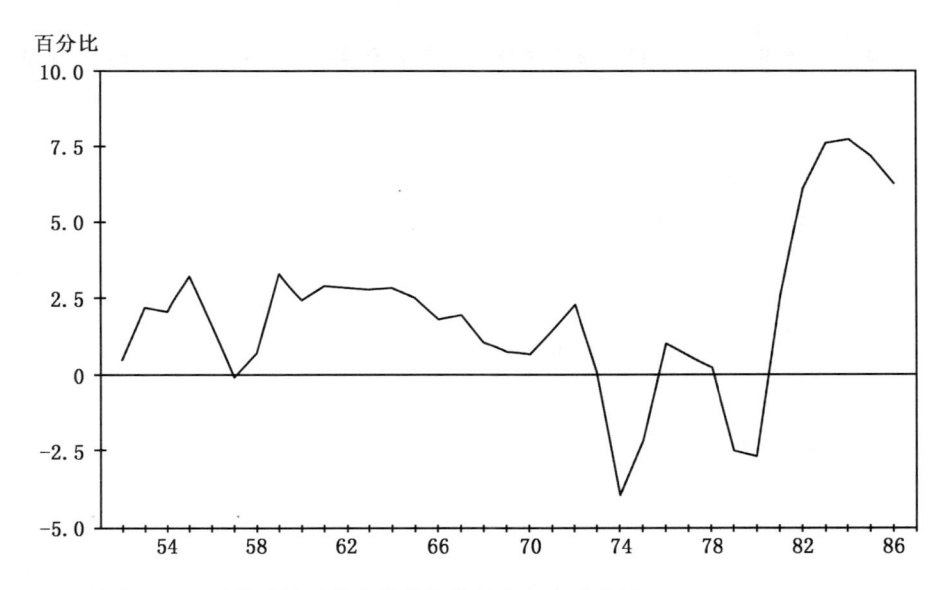

* 通胀率是通过计算城镇消费者物价指数的年度变动率得出（CPI-U）。
资料来源：总统经济报告，1986；联邦储备公报；美国商务部，当前商业调查。

图 3.1 1952～1986 年长期国债收益率和通胀率的差值 *

根据经验，利率与通胀率之差将收窄。政府证券在如此高的实际收益率上无法持续。相应的问题是：当差距减小时，是利率下降还是通胀率上升？实际上，可能出现的情况是下降的利率同时伴随上升的通胀率。甚至有可能出现通胀率和利率同时上升或下降所导致的差距收窄。

3.1 1953～1986 年利率和通胀率的快速回顾

从通胀率和利率的角度看,艾森豪威尔总统时期是平静的。1953～1960年,国库券利率从 2.09% 升至 2.25%,长期国债收益率从 2.75% 升至 3.88%,消费者价格衡量的平均通胀率低于每年 1.4%。在肯尼迪和约翰逊执政时期,税收下调使经济活动的步伐加速。1961～1968 年,消费者物价平均每年上升 2.2%。国库券收益率从 2.25% 攀升至 5.96%,长期国债收益率从 3.88% 升至 5.65%。尼克松、福特、卡特时期标志着一系列灾难性的经济政策。美元与黄金脱钩;实施工资和价格管制;联邦政府支出剧增;通货膨胀导致的税档攀升使得有效税率上升。经济放缓而通胀飙升。

1968～1980 年,消费者物价指数平均每年上升 7.7%。每桶石油价格从 1.8 美元增长 19 倍之多直至超过 34 美元。黄金价格在 1980 年 1 月触及每盎司 850 美元,相对于 1968 年早期的 42 美元上涨了 1 900% 以上。利率也显著上升。国库券收益率从 5.96% 升至 15.49%,长期债券收益率从 5.65% 升至 11.89%。同样,在房屋抵押贷款利率从 6.9% 升至 12.53% 的同时,最优惠利率从 6.6% 急升至 21.5%。

里根政府继承了一个在过去 12 年受到破坏需要修复的经济。税率下降,能源价格放开,行业管制放松,货币稳定恢复。随着消费者物价在 1981～1986 年平均每年以 4.1% 的比率上升,通货膨胀得到了控制。到 1986 年末,石油价格跌至每桶 18 美元以下,黄金价格低于每盎司 400 美元。

利率自 20 世纪 80 年代早期见顶开始下降。国库券收益率在 1981 年 5 月达到最高点 16.3% 并在 1987 年 2 月跌至 5.47%。长期国债收益率在 1981 年 10 月达到 14.68% 并在 1987 年 2 月跌至 7.53%。最优惠利率在 1980 年 12 月触及 21.5% 并在 1987 年 2 月跌至 7.5%。房屋抵押贷款利率的攀升结束于 1981 年 11 月的 15.8% 并在 1987 年 2 月达到 9.5%。

3.2 通胀前景

通胀是价格水平的变化率,换一种说法,就是货币购买力下降的比率。价格水平本身不过是商品与货币交换的市场比率。因此,通胀可以被视为商品和货币市场发展的结果。

商品供给相对于货币供给增加越多,通胀越低。同样,商品需求相对于货币需求增加越多,通胀越高。通俗地说,通胀是由于过多的货币追逐过少的商品。为了评估通胀上升的前景,该分析分为商品市场和货币市场。

3.3 商品和通胀

任何一种商品的供给越多,该产品的价格就越低。苹果丰收意味着更低的苹果价格,同时苹果短缺相应地预示更高的价格。将这个逻辑扩展至整个经济,商品供给扩张越快,通胀率将越低。如果产出收缩或增长缓慢,通胀将会更高。

显然,任何关于商品市场和通胀之间关系的简单描述将遗漏货币市场的重要因素。当把货币也纳入考虑时,结果将显得不那么准确。但是,关系的一般形式是明确的。除了一些例外情况,商品供给增长越快,通胀率越低,反之亦然(见图3.2)。

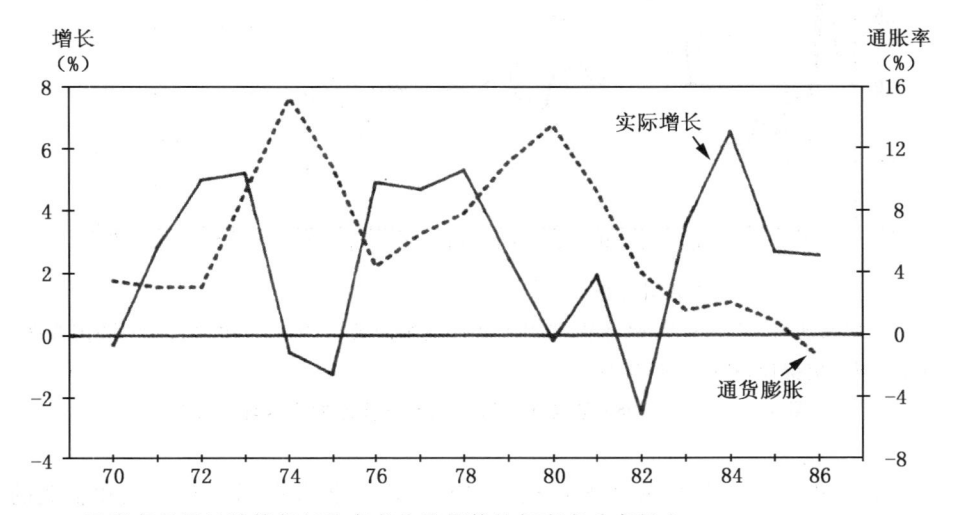

* 通胀率是通过计算每年生产者价格指数的年度变动率得出。
资料来源:总统经济报告,1986;美国商务部,当前商业调查。

图 3.2 1970~1986 年实际 GNP 增长和通胀率*

历史上,高增长时期往往是低通胀时期。"咆哮的 20 年代"是一个产出以每年 6.4% 增长、总体价格水平平均每年下降 0.5% 的时期。"去吧 60 年代"是一个实际 GNP 每年增长 4.8% 同时通胀每年低于 2% 的时期。德国和日本,是"二战"后增长最快国家中的两个国家,同时也在通胀最低的国家之列。意大利和英国在增长与通胀情况的另一端。

增长和增长前景是把握商品市场对通胀影响的基本要素。根据所有计数，商品市场的强劲表现应该有助于保持低通胀。一系列的经济刺激是商品市场的推动力，边际税率的变化是和已知的可以影响经济刺激的因素一样重要的一项。个人、企业工作和生产从而赚取税后收入。一般来说，他们不会工作和生产因为他们需要缴税。当税率上升，参与市场活动的税后收益降低。结果是更低的产出和就业。相反，当税率下降，市场活动的备择方案吸引力下降。个人和企业更努力参与市场活动。因此，当税率下降时，更多的劳动力和资本进入市场，从而使产出扩张（见图3.3）。

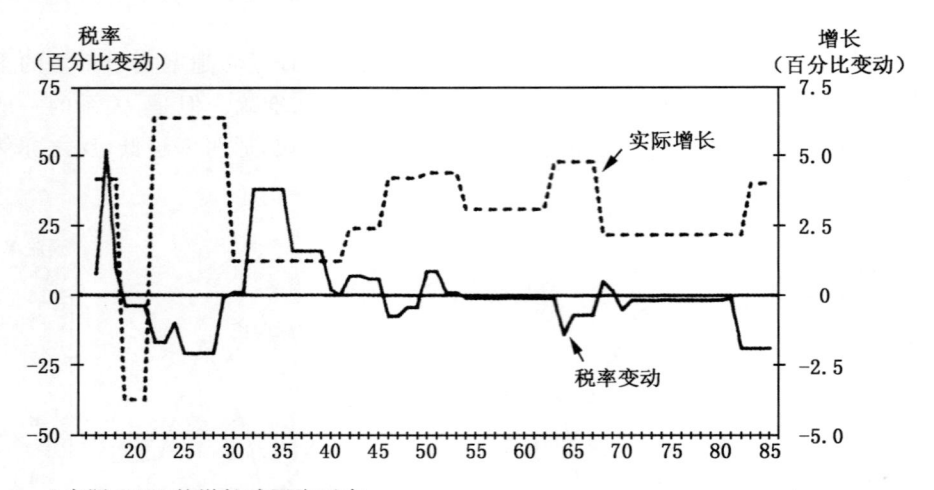

*实际 GNP 的增长减国防开支。

资料来源：约瑟夫·A. 佩奇曼，联邦税收政策第四版；总统经济报告，1986；美国商务部，美国历史统计，殖民时期至 1970 年。

图 3.3　1916～1985 年实际经济增长和最高联邦个人收入税率*

1988 年 1 月 1 日生效的所得税率对经济增长非常有利。对个人和企业的收入征收的最高联邦边际税率将分别是 28％和 34％。该税收结构是自哈丁和库利奇政府将个人收入最高边际税率从 73％减至 25％以来美国所经历的最利于生产的结构。

哈丁—库利奇时期的税率下调带来了一段美国历史上所经历的最长和最强劲的经济扩张时期之一。"咆哮的 20 年代"确实是激动人心的，并且伴随着通货膨胀的显著下降。税率和经济增长之间的关系令人惊叹。税率和通货膨胀之间的关系也十分紧密（见图3.4）。如果过去是未来的指引，1988 年的税率下调预示着未来几年持续强劲的增长以及对通胀相应的制约。

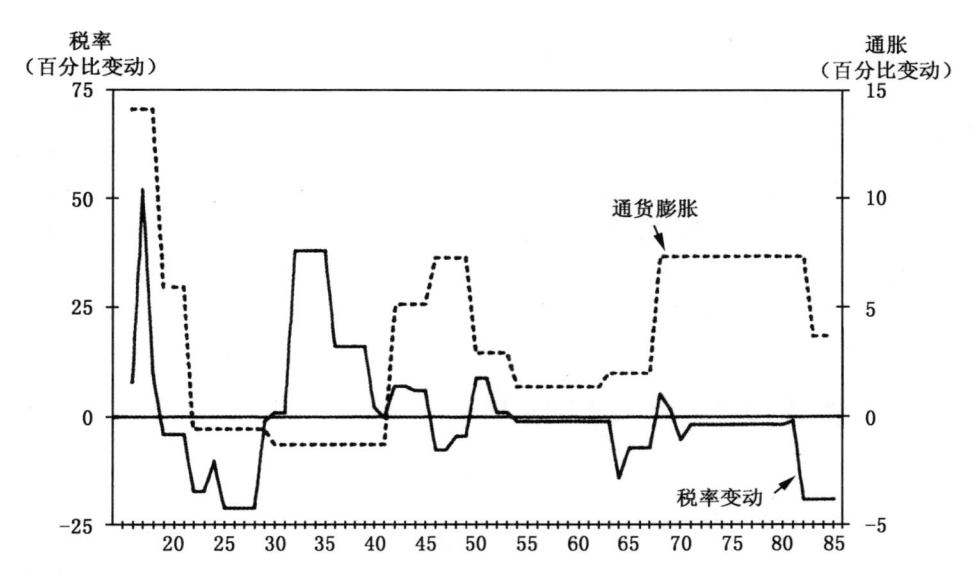

*通胀率是通过消费者物价指数计算得出。

资料来源：同图3.3。

图 3.4　1916～1985 年通胀率和联邦最高个人所得税率*

美国监管环境的变化也预示着商品和服务产出的持续增长。例如，1981 年专业空中交通管制员组织的对抗，石油、银行、通信、运输、航空等其他行业的解除管制代表了美国行业结构环境的显著变化。伴随着监管负担的减轻，生产回报有所增长，生产的积极性也得到了改善。结果将是生产、就业和产出的提升。在通胀等式中的商品方面，不存在通货膨胀预期！实际上，美国商品市场的分析显示较低的通货膨胀才是其直接结果。

3.4　货币和通胀

在通胀等式的货币方面，造成低通胀的情况同样有效。一段时间以来，联邦储备委员会淡化货币增长目标转而倾向于价格目标。结果是，利率越来越低，大宗商品价格变得更稳定了。① 下降的利率增加了货币需求。由于货币体系沿着供给曲线向外移动，提升的货币需求导致了货币数量的增加。货币的流

---

① Arthur B. Laffer and Charles W. Kadlec, "The Monetary Crisis: A Classical Perspective", A. B. Laffer Associates（November 12, 1979）.

通速度则下降了。

伴随累进税制和历史成本会计法，下降的利率也提高了经济增长。如果推动货币增长的原动力来自于货币需求的增加，即使通货膨胀率和利率下降，货币也能快速增长。经测量的货币增长对通胀预期的指引作用较差。为了实现并保持物价稳定的目标，合理的货币政策是在物价预期稳定的情况下允许货币数量与货币需求以同样的速度增长。反通货膨胀货币政策的标志是货币基础的增长低于货币数量的增长。

虽然货币正以快于历史增长率的速度增长，货币基础的增速通常比货币供应的增长慢。这意味着联邦储备委员会已经正在就货币需求的增长而向经济中注入货币。这不会导致由于货币过度地增加所造成通胀率的上升（见图3.5）。

资料来源：总统经济报告，1986；联邦储备公报。

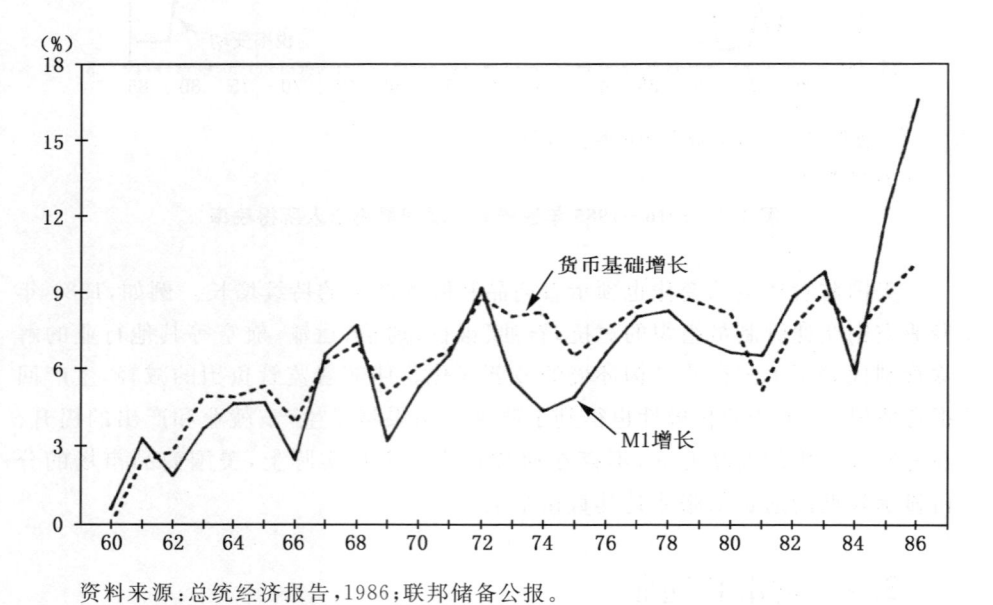

图 3.5　1960～1986 年 M1 和货币基础的年度增长率

在保罗·沃尔克任期内，联邦储备委员会事实上一致转向了价格规则。当前委员会的组成显示了该政策将延续。里根任命的西格、约翰逊、安格尔和海勒在他们的任期内一致支持价格稳定，并且有迹象表明最近被提名的凯莱预期也会这样做。进一步迈向价格规则制度化将提供持续的价格稳定和其他伴随而来的好处。通货膨胀将保持在可控范围，长期利率将持续下行，从而缩小通胀率和利率之间的差距。

3.5 通胀将保持低位

未来数年的通胀率如果没有比过去几年更低，也至少应该处于一样低的水平。年与年之间的波动将由于特别的因素、计量的误差和类似因素持续存在。实际上，1987年的通货膨胀很可能因为特别的因素而高于1986年。然而，通货膨胀率不会因此永远上升。当前的证据不支持高通胀的重现。

当产出增长、基础货币增长和货币供应增长的效果相结合时，它们与通胀的关联在过去非常紧密（见图3.6）。如果这样的关联性依旧并且货币和商品市场像预期那样，通胀将处于低位。未来的通胀应该维持在接近当前的通胀水平。因此，当利率和通胀率之间的差距变窄，会出现利率大幅下降。

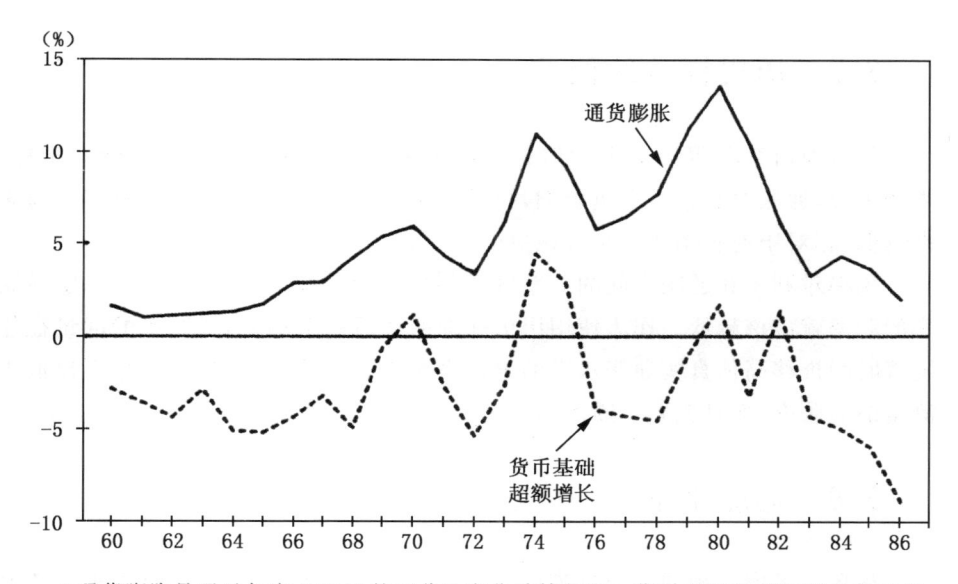

* 通货膨胀是通过年度CPI-U的百分比变化计算得出。货币基础的超额增长等于货币基础的增长率减去M1的增长率再减去实际GNP的增长率。

资料来源：总统经济报告，1986；联邦储备公报；美国商务部，当前商业的调查。

图 3.6　1960～1986 年通货膨胀和货币基础的超额增长率 *

3.6 利率和通胀的历史关系

1951～1970年，当通胀温和且大多可以预期时，长期国债利率和通胀率的平均利差约为 1.5%（见表 3.1）。如果通胀率稳定在 2.5% 时平均利差仍然不变，那么国债收益率应该是 4% 而不是现在的 7.5%。因此，继续使用国债收益率和通胀率的历史标准利差意味着长期利率 350 个基点的下跌。

表 3.1　　1951～1970 年长期国债收益率的平均值、通胀率的平均值、
长期国债收益率和通胀率之差的平均值

	1951～1960 年	1961～1970 年	1951～1970 年
美国国债收益率	3.16	4.77	3.97
通胀率	2.12	2.76	2.44
差值	1.05	2.01	1.53

资料来源：同图 3.6。

3.7　历史标准的偏差

仅按面值所取得历史平均值是预测未来利率和通胀关系的简陋的指标。举例来说，通胀对利率有多重影响，当通胀率下降时，利率应该下降更多。通胀率越低，相对于通胀率的利率应该更低。

税率对利率和通胀之间的关系有额外的作用。税率越低，相对于一定通胀率的利率就应该越低。作为使用历史标准的最后一个偏差，通胀率的度量往往随着时间推移高估真实通胀水平的量越来越大。因此，真实的通胀率不仅低于测量的通胀率，而且偏差不断增加。

3.8　通胀水平

想象一下完全预期的通货膨胀率稳定在每年 5%，且投资者对借出的资本要求 5% 的实际税后回报率。投资者很自然地根据税后的基础做出投资决策。因此，代表投资者税前回报的名义利率将包括预期税收支出和通货膨胀，投资者需要 10% 的税后回报率从而抵消 5% 的通胀率获取所需的 5% 的实际回报率。

如果代表性的边际税率为 50%，为了获得 10% 的税后回报，税前收益必须是 20%。因此，当通货膨胀率为 5%，税后要求实际回报率为 5%，税率 50%，收益率应该为 20%。如果预期通货膨胀率下降至零且其他条件不变，满足投资者的税前收益率只需 10%。因此，当通胀率下降 5 个百分点，利率会下降 10 个百

分点。

随着通胀下降,税收对利率产生明显的乘数效应。在先前的例子中,即使实际税后收益保持不变,当通胀从5%降至零时,利率从20%降至10%。存在税收的情况下,利率的下降超过了通胀的下降。在过去的几年里通货膨胀率一直较低。因此,与历史标准的比较应做调整。对于低于平均值的通货膨胀率,应税收益和通胀率的差值应比历史平均值小。

3.9 较低边际税率的影响

税率对利率和通货膨胀之间的关系也有另一个影响。取前面的例子,50%的税率和税后10%的收益产生20%的利率。如果税率从50%降至25%,实现10%的税后回报率所要求的利率从20%下降至13.33%。重点是:有效边际税率越低,相对于通胀的利率就应该越低。当调低的联邦税率从1988年1月1日起完全生效,有理由预期利率相对于任何给定水平的通胀都将更低。

税率和通货膨胀对利率的影响可以联合检验(见表3.2)。例如,为了得到5%的实际税后回报率,在税率为50%、通胀率为15%的情况下,投资者需要40%的名义税前利率。当税率为25%且通胀率为10%的时候,名义税前必要利率为20%,从而产生5%的实际税后回报率[①]。较低的通货膨胀和税率共同意味着较小的利率和通货膨胀率之差。

表3.2　　　　产生5%实际税后回报率要求的名义税前利率　　　　　　单位:%

税率	通胀率				
	0	5	10	15	20
0	5.00	10.00	15.00	20.00	25.00
15	5.88	11.76	17.65	23.53	19.41
25	6.67	13.33	20.00	26.67	33.33
35	7.69	15.38	23.08	30.77	38.46
50	10.00	20.00	30.00	40.00	50.00
75	20.00	40.00	60.00	80.00	100.00
90	50.00	100.00	150.00	200.00	250.00

---

① 名义税前回报率(i)约等于实际税后必要回报率(r)与预期通胀(p)之和除以1减去税率(t):$i=(r+p)/(1-t)$。

3.10 修正的标准

1952～1965 年提供了当通货膨胀率相对稳定且较低时的利率的基准。在此期间,年度通货膨胀率在 -0.4% 至 3.8% 的范围内且均值为 1.4%。免税的市政债的平均收益率为 2.8%,所以它们的平均实际收益率为 1.4%。应税的长期国债平均收益率为 3.5%,平均隐含税率为 20.8%。[1]

运用 1952～1965 年的标准,如果通货膨胀率稳定在 2%,1.5% 的实际回报率意味着市政债券收益率为 3.5%。如果隐含税率是 20%,长期国债必须达到 4.4% 的税前收益率从而提供与市政债券一样的 1.5% 的实际税后回报率(见表 3.3)。如果通货膨胀率稳定在 1%,2.5% 的免税收益率将产生 1.5% 的实际回报率。如果税率为 20%,应税债券的税前收益率必须达到约 3.1%。这些假设的比率与现行 7.5% 的税前国债收益率形成对比。

然而,如果隐含税率跌至 20% 以下,利率仍然会下降。1952～1965 年,平均 20.8% 的隐含税率盛行,而联邦最高个人所得税率在 70%～92% 范围内。到 1988 年,最高个人税率降为 28%。由于更低的联邦所得税率,应税和免税债券之间的隐含税率很可能下降,从而导致利率的进一步下跌。

表 3.3　　　产生 1.5% 实际税后回报率要求的名义税前利率　　　单位:%

税率	通胀率		
	1	1.5	2
10	2.778	3.333	3.889
11	2.809	3.371	3.933
12	2.841	3.409	3.977
13	2.874	3.448	4.023
14	2.907	3.488	4.070
15	2.941	3.529	4.118
16	2.976	3.571	4.167
17	3.012	3.614	4.217
18	3.049	3.659	4.268
19	3.086	3.704	4.321
20	3.125	3.750	4.375

---

[1] 使免税和应税债券的税后回报率相等的隐含税率(t)等于 1 减去市政债券收益率(M)与国债收益(T)的比值:$t = 1 - (M/T)$。

例如，给定实际税后收益率1.5%，通胀率2%，税率15%，那么税前名义利率将会是4.1%左右（见表3.3）。如果通胀率1%和税率15%，税前收益率2.9%可以产生1.5%的实际税后收益。根据历史标准，较低的通胀和税率指向3%～4%范围内的长期利率。

3.11 生产率和通胀度量的偏差

按照目前的做法，通胀的度量是不完善的，似乎有实质性、系统性的偏差。实际通胀极有可能大大低于测量值，并且这种差异多年来一直在增加。这种偏差对于眼前问题的意义重大。如果实际的通货膨胀比衡量的通货膨胀越来越低，那么现在利率和衡量的通货膨胀之间的差值应该低于历史均值。这是属实的。因为现在的实际通胀低于衡量的通货膨胀，并且差距是历史上最大的。

制造业的生产率是用一种相当客观的方式衡量，没有什么特殊的。产出直接用钢铁产量的吨数或汽车的产量数衡量。总工时的投入也是可以直接衡量的。虽然所有测度都存在误差，制造业生产率方面是相当可控的。然而，对于服务业，还没有关于产出客观的衡量指标。服务经济中的不同行业被以特定的方式各自单独处理。在某些情况下，工时被用作投入和产出的衡量指标时假设生产率为零。在其他情况下，生产率无疑被低估了。

随着总产出中服务业占比的增加，对总体生产率增长的估计逐渐被低估。因此，通胀，即名义产出的增长减去实际产出的增长，被日益高估。假设制造业生产率增长代表整个经济，将实际通胀和测量的通胀放在一起看，它们的差值就是高估的通胀。

20世纪50年代，实际通胀往往超过测量的通胀（见图3.7）。1951～1960年，实际通胀平均为2.7%，而测量的通胀平均为2.1%。20世纪60年代，实际和测量的通胀率之间的差异较小。1961～1970年，实际和测量的通胀率平均都是2.8%。

自20世纪60年代，测量的通胀趋向于超过实际通胀，并且它们的差值随着时间的推移变得越来越明显。1971～1980年，实际通胀平均为6.7%，测量的通胀平均值为7.9%。1981～1986年，实际通胀平均为2.9%，而测量的通胀平均值为4.9%。实际通胀和测量的通胀之间2%的差异意味着目前长期国债的收益率大约是8.4%（相对于实际通胀），而不是6.4%（相对于测量的通胀）。对于实际和测量的通胀之间的差异做全面的利率调整，将意味着长期收益率下降

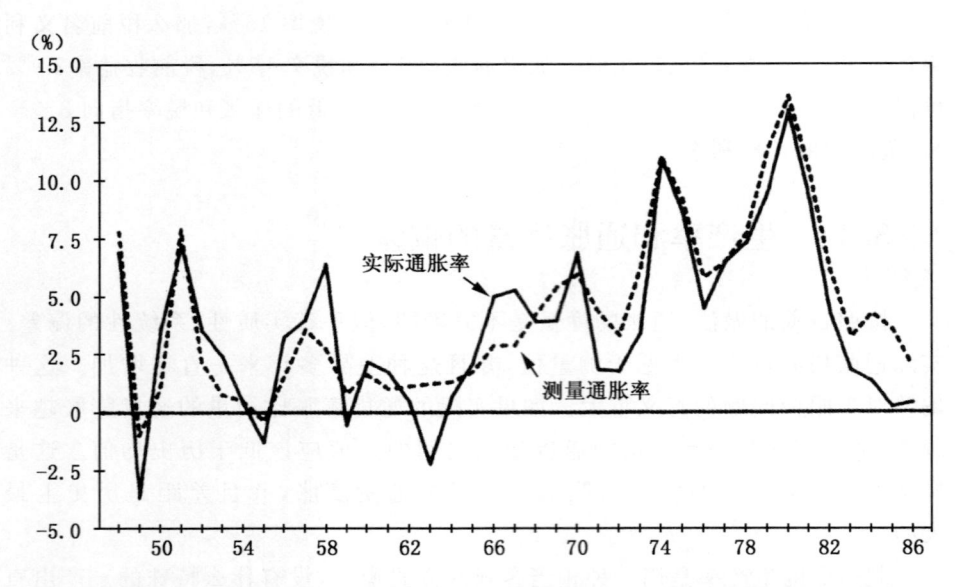

*测量的通胀是通过每年 CPI-U 的百分比变动计算得出。实际通胀等于测量的通胀减去制造业生产率的增长加总体生产率的增长。

资料来源：总统经济报告，1986；美国劳务部，就业和薪资；美国商务部，当前商业的调查。

图 3.7　1948～1986 年测量的通胀和实际通胀*

200 个基点。

结合通货膨胀、税率和通胀误测的各种影响，现在的利率相对于通胀非常低。我们在最近历史上处于最低之一的时期测量通胀率，实际通胀率比测量值更低。此外，1988 年的税率将比 20 世纪 20 年代以来任何时候都低。基于低通胀和低税率的环境，利率在未来几年将大幅下降。在 20 世纪 90 年代的前几年，长期国债很可能会有低至 3%～4% 的收益率，抵押贷款利率可能在 4%～5%。未来资产价值和生产的组成将与现在非常不同。

3.12　对于股票投资的意义

从过去的经验判断，低利率对不同行业的股票价值影响大相径庭。一些行业从低利率获益而另一些则受到损害。其中一些结果是令人意想不到的。过去受益于低利率的五个最大的赢家是经纪公司、计算机服务、医院管理、通信设备和加拿大石油与油气勘探（见表 3.4）。

表 3.4 选定行业对利率永久性下降 100 个基点的反应估计

标普行业分组	总获利	显著性水平
最大获益者		
经纪公司	15.61	0.31
计算机服务	14.42	0.04
医院管理	13.82	0.12
通信设备	7.10	0.27
石油(加拿大油气勘探)	6.11	0.66
最大损失者		
不动产投资信托	−1.08	0.32
纺织品	−1.10	0.10
电气和电子	−1.10	0.07
人寿公司	−1.18	0.83
食品	−1.21	0.01
百货连锁	−1.21	0.14
汽车(除通用公司)	−1.29	0.09
电话(除国际电话电报公司)	−1.35	0.07
无线电/电视广播公司	−1.41	0.07
航空公司	−1.42	0.10
折扣商店	−1.42	0.62
债券基金	−1.97	0.37
博彩公司	−3.35	0.59

在历史上,低利率最大的输家是博彩公司。债券基金,虽然当利率下降时升值,但是当利率稳定在低位时,其回报率就会下降。

第4章

贸易保护主义和股票市场：
美国经济中贸易限制的决定因素和后果

维克托·A. 坎托、J. 金布尔·迪特里希、
阿迪史·杰恩、维丝华·马达利尔

在过去15年中，美国的贸易政策一直在朝着保护主义稳步前进。呼吁加强对受到外国竞争的产业的保护是意料之中的，因为他们相信这些贸易措施将增加经营商品贸易公司的股票价值或增加与国外低人力成本竞争的行业的就业水平。

对于投资经理，了解股票价值由于贸易限制实施而发生的变动幅度是重要的。本研究检验了全面的贸易保护主义政策对股票价值的影响。实证结果显示，全面贸易限制措施的实行与标准普尔500指数的下跌和总就业下降有关。此外，对于四个受到特定贸易保护的行业研究显示，在所有四个案例中，贸易保护主义措施的实施与每个行业相应的股票指数的下跌有关。只有一个行业的就业获得了提升。

国际贸易中的政策干预似乎与经济事件有着系统性的关联。自1960年以来全面贸易保护主义政策最重要的决定因素就是恶化的贸易平衡。基于实证发现，在1984年全面贸易限制的概率处于历史新高。即使随着越来越多的行业特定措施出现，受保护的行业将趋向于弱于市场。贸易限制，无论是全面的还是行业特定的，没有成功保护那些受保护行业的资本和就业以及整体的经济。[①]

[①] 这篇文章曾以《保护主义和股票市场：美国经济中贸易限制的决定因素和后果》发表于 *The Financial Analysts Journal*，September/October 1986，Vol.42，No.5，pp. 32—42.

在过去18年里,美国的贸易政策一直在朝着保护主义稳步前进。创纪录的贸易赤字、高失业率以及越来越强势的美元致使一些美国人怀着创造更有利的贸易平衡的希望主张保护主义政策。一位美国商业领袖,摩托罗拉的主席约翰·米切尔竟然已经到了呼吁对所有外国进口商品征收20%的附加税的地步。[1]

除了建议全面的贸易保护主义政策,特殊利益集团和行业游说者还指出外国竞争和失控的进口激增是经济中最弱部门的问题源头。美国生产者的不同群体包括农民、渔民、电信制造商、汽车制造商、钢厂请求实施配额和关税以保护他们行业所面临的"低成本外国劳动力"的不公平竞争。

关于外国商品和服务提供者正在源源不断地加入美国经济的证据大量存在。在1984年,商品贸易赤字几乎翻倍,达到1 230亿美元(见图4.1)。同时,从钢铁、铜、农产品到汽车、农场和建筑设备以及计算机等所有行业面临的外国竞争似乎正在上升。

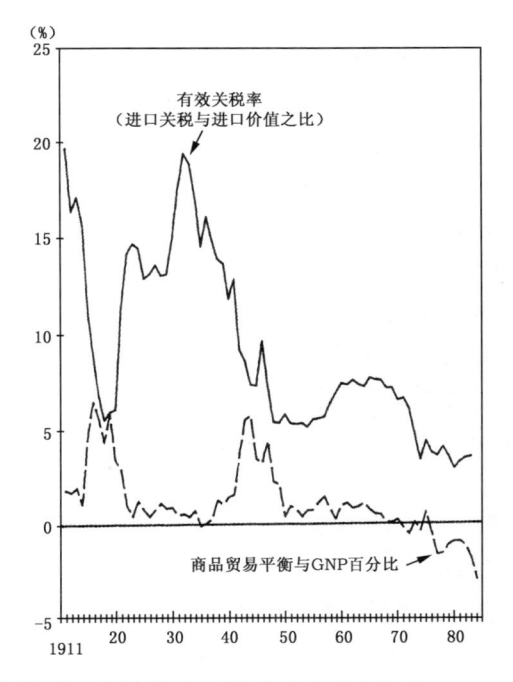

资料来源:美国历史统计;国民收入和产出科目。

图 4.1　1911～1984 年有效关税税率和商品贸易平衡占 GNP 比例

---

[1] Air Pine, "Rapidly Rising Dollar, Big Trade Deficit Stir More Pleas for Help", *The Wall Street Journal* (February 12, 1985), p.1.

大萧条时期的经历缓和了对贸易保护政策的呼吁。在1930年,国会通过《斯穆特－霍利关税法案》——美国历史上对交易产品最大一次增加税收。在前10年经济快速增长时期恶化的贸易平衡得到了改善,但是整个国家和世界其他地区陷入了贫困。这段经历,比其他任何事情都更有力地阻碍了限制贸易的努力。

尽管《斯穆特－霍利关税法案》有破坏性的遗留问题,贸易保护主义蔓延成为现实,不仅在美国,而且在大部分工业化国家都是如此。对于全面贸易限制"明智"的使用以收窄贸易逆差和保留就业被频繁提议。特定的贸易限制比如反补贴税和所谓的自愿限制被主张为一种保护美国产业和就业面临的不公平外国竞争的方式。贸易保护政策究竟是否能增强经济和特定产业的表现是一个经验问题。

本章的目的是表明全面的以及特定行业的贸易限制政策对股票价值和就业的影响。

4.1　美国贸易政策的历史回顾

第二次世界大战以后,美国对关税与贸易总协定(GATT)的发展起到了重要作用。该项协议具有特殊意义,因为它包括以下目标:无不公平待遇的贸易(概括之,最惠国待遇),以及消除由关税造成的对国内产业的保护。遗憾的是,GATT允许通过作为一般规定的例外条款采取"紧急行动"。美国具有全面影响的主要贸易行动概要见表4.1。[①]

美国对自由贸易的承诺导致了1962年扩大贸易法的制定。这项立法是肯尼迪总统为了在下一次GATT的多边贸易谈判中商议关税削减的法定职责。这些被称为肯尼迪回合的谈判有三个目标:

(1)全面削减关税;

(2)减少非关税壁垒,例如配额和所谓的自愿贸易协定;

(3)欠发达国家的参与。

制造业商品的进口关税平均削减35%,农产品(除谷类、肉类和乳制品)进口关税平均削减20%。然而,减少非关税壁垒的努力没有那么成功。未能就减少非

---

① 一些贸易限制事件值得解释。1980年对苏联禁运以及1981年对苏联和波兰禁运纯粹是政治事件,有理由被排除在样本外。出于这个原因,我们将1980年划分为非事件年。然而,在1978年和1981年,美国通过谈判达成对钢铁和汽车进口的主要贸易限制。因此,在我们的实证分析中,我们假设美国在1978年和1981年实施了贸易限制。相反,我们将举行东京回合的1975年归类为非事件年,因为大多数谈判的结果未实施。

关税壁垒达成协议被证明是将在20世纪70年代出现贸易相关问题的预兆。

在1971年8月,尼克松总统违反布雷顿森林协议,拒绝为外国中央银行将美元兑换成黄金。美元相对黄金贬值8.6%,使得1盎司黄金的官方价格为38美元。关税全面上调10%,对国内经济的工资和物价控制开始实行。在这一年12月,关税的上调被废除,并且在史密森协定下,"赞成"美元对黄金的贬值。[①]

表4.1　　　　　　　　全面贸易限制的摘要:1962～1982年

1962年	1962年扩大贸易法。总统被赋予权力,在为期5年的时期内将关税削减50%。
1962年	作为肯尼迪回合而被人所知的第六次GATT关税会议;准许对大多数工业产品削减50%的关税,对其他产品削减30%～50%的关税。
1971年	尼克松总统在8月份要求关闭黄金窗口并实施关税全面提高10%。
1974年	1974年贸易法案为美国产业和工人提供对不公平和有害的进口竞争的保护;为受到进口伤害的产业或工人提供"调整援助"。
1975年	东京回合尝试限制非关税壁垒;谈判旨在国际贸易自由化。因为最重要的谈判从未被实现,东京回合将不会被列入实证分析的事件名单。
1977年	加拿大进口限制第一次谈判。
1979年	1979年贸易法案增加了反补贴税,为保护国内产业应对进口商品的外国政府补贴;要求受损害的行业在抵消税收执行前显示受到被补贴进口商品的侵害;加快在反补贴税和反倾销法下的调查和惩罚的实施。建立新的海关估价方法,该方法使用当商品出售以输往美国时实际支付的价格;不鼓励对外国供应商竞标政府采购的不公平待遇;遏制利用标准作为变相贸易壁垒。
1980年	运往苏联的小麦、过磷酸实施禁运。
1981年	出口至波兰和苏联禁运,要求经确认的装运许可证。

自由贸易一直是历届政府自我描述的贸易政策。然而,在里根政府时期,出现了向新的贸易政策的转变——基于互惠。它的目的是迫使其他国家放弃伤害美国制造商的做法。使用这种方法,如果一个国家未能满足互惠的情况,可以想象特殊的限制或(甚至是和)关税将被施加至其向美国的出口中。这项政策变化的起源可以追溯到1974年贸易法案的通过。为了响应同时来自产业和劳工的压力,1974年贸易法案放松了实施贸易限制的必要标准。在该项法案下,一个产业不再需要证明它受到的损害是由早期关税减让造成的进口所导致

---

① 对于当时主要贸易问题的讨论,参见:"U.S. Devalues Dollars 10 Percent by Raising Price of Gold; Japan Agrees to Let Yen Float", *The Wall Street Journal* (February 13, 1973), p.3.

的,或者进口是损害的主要原因(即该原因和其他任何原因同样重要)。相反,它只需表明进口是损害的重要原因。

1974年贸易法案也增加了总统通过启动紧急行动实行数量限制的权限。这是首次总统被授权参与有序销售协议(OMAs)的谈判作为免责条款下的补偿形式。此外,该法案要求美国和另一个主要工业国家在达成的贸易协定产生约束力前在贸易让步中履行互惠。[①]

4.2 股票价值和雇员能从全面的贸易限制中获益吗？

关于贸易政策的争论与它在200年前是大致相同的。今天支持增加保护主义的观点包含一些重商主义概念,包括正的贸易平衡对国家繁荣的重要性。贸易平衡对国内收入的总效应假定是任何盈余的倍数,或朝着相反的方向移动,是任何贸易赤字的倍数。据认为贸易盈余会创造一系列支出的大量支出增加(外贸乘数),而贸易赤字代表需求从国内向外国商品流失,减少伴随着收入、利润和就业的成倍下降。

进口关税和出口补贴被提倡为能够改善贸易平衡的政策组合。这些政策的支持者说关税提高了进口商品在国内的价格,而补贴则降低了出口至国外商品的价格。这种降低进口和刺激出口的做法被认为可以改善国内经济状况。如果贸易限制的主张是正确的,那么全面的贸易保护主义政策将伴随着提高的盈利能力(即股票回报率)和就业。

另一方面,自由贸易的提倡者回到亚当·斯密和他的前辈所提出的原则上。他们提出进口和出口是同一交易的两面:货物出口最终能够进口和消费外国生产的商品。自由贸易者称对进口的限制等于限制出口,可以预期对贸易平衡的影响很少或没有。同样,出口补贴相当于对进口补贴。这一主张被称为勒纳对称定理,这是一个著名的贸易理论原理。自由贸易的倡导者断定贸易限制不能改善贸易平衡,但是会妨害经济的效率。限制的有效程度越高,经济自由获得外国商品和市场的好处就越少。生产激励偏离国内生产效率更高的产品。如果自由贸易的倡导者是正确的,那么,贸易保护主义政策将伴随着降低的盈利能力和就业。

实际上,所有的经济学家和政策制定者同意,在极端情况下,贸易限制是弄

---

① 这部分内容引自 V.A. Canto, "U.S. Trade Policy: A Historical Perspective", *Cato Journal*, Vol.3, No.3, 1983。

巧成拙的,它会致贫外国,对美国公民也一样。政策问题因此围绕是否明智地应用保护主义措施可以促进国内经济的稳定和增长。投资问题是与这种贸易限制实施相关的股票价值变动的幅度。

股票市场和保护主义

估计全面保护主义政策对股票市场影响的一种方法是尝试确定在没有限制措施时股票市场的表现如何。这可以通过观察市场的历史表现并运用它的平均增长率作为预期值实现。历史平均(预期值)和实际股票市场表现的差异被归因于全面贸易行动。

虽然并不完美,这种技术可以让我们区分两个备选假设。如果保护主义政策提高了国内行业的盈利能力,那么股票市场的表现将好于平均值。另一方面,如果保护主义政策降低了国内行业的盈利能力,那么可以预期市场表现将低于平均值(负的超额回报)。(估计超额回报方法的详细讨论参见附录 A。)

由于对选择时间段计算累积超额回报没有明确的步骤,在事件期间内选择了三个不同的时间段。第一个时间段(EM－12 至 EM＋6)开始于事件发生月的前 12 个月(EM 是一个贸易政策行动在华尔街日报上宣布的当月)并结束于事件发生月的 6 个月后。第二个时间段(EM－12 至 EM 0)开始于事件发生月的前 12 个月并结束于事件发生月当月。第三个时间段(EM－12 至 EM－1)开始于事件发生月的前 12 个月并结束于事件发生月的前 1 个月。

每个月的超额回报通过将特定月份观察的股票市场表现减去平均股票市场回报计算得出。由于大多数全面贸易保护事件发生于牛市期间,计算中使用所有牛市时期的平均股票市场回报。① 累积超额回报通过将时间段内每个月的超额回报相加得到。

结果显示全面贸易限制的实施伴随着在时间段内大约每月股票市场回报率下降 0.5％(见表 4.2)。② 实际上所有下降发生在事件月前。本章稍后提供的实证分析未能发现任何证据显示下跌的股市导致了保护主义措施。因此,这些结果表明在保护主义政策实施的预期下国内股票下跌。此外,鉴于事件发生月

---

① 经验上说,牛市的开始定义为标准普尔 500 的 6 个月移动平均连续上升 6 个月。牛市的结束定义为标准普尔 500 的 6 个月移动平均连续下降 6 个月。利用这些定义,我们将下列时间段分类为牛市周期:1953 年 9 月至 1961 年 12 月,1962 年 7 月至 1966 年 1 月,1966 年 10 月至 1968 年 5 月,1970 年 7 月至 1972 年 12 月,1974 年 10 月至 1981 年 5 月,1982 年 8 月至 1982 年 12 月。

② 使用来自芝加哥大学证券价格研究中心(CRSP)的数据计算股票市场回报。

左右股票回报率的方差增加,这种下降表明股市的下跌是统计显著的。

表 4.2 全面贸易限制措施实施期间累积超额回报和累积超额就业增长(牛市时期*)

时期	股票回报 累积超额回报(%)	t-统计量	就业增长 累积超额就业增长(%)	t-统计量
EM−12 至 EM+6	−10.86	1.11	0.4312	−0.75
EM−12 至 EM 0	−18.57	2.34	−1.7740	−0.19
EM−12 至 EM−1	−18.22	2.32	−0.4345	−0.13
平均超额回报 回报率**	0.57		−0.0887	
方差**	0.05		−0.2615	
自相关性	0.05		−0.46	

* 见本书第 53 页注释①对牛市时期的定义。

** 这些统计量是取时间段 EM−12 至 EM+6 计算得出。

全面贸易政策对就业的影响

通过应用与检验贸易政策对股票价值影响类似的方法分析贸易政策对就业增长的影响。总就业衡量一个月内总工时。从实际就业增长率减去牛市时就业增长率的平均值,结果就是超额就业增长。

贸易限制对就业的影响在性质上类似于它们对股票回报的影响。累积超额就业增长在所有三个区间内为负(见表 4.2)。估算表明,全面贸易限制伴随着就业平均每月下降 0.08%。结果不是统计学显著的,但是它们支持自由贸易倡导者的论点,即贸易限制降低经济的效率和就业水平。

4.3 特定行业的贸易政策能改善该行业的盈利能力和就业水平吗?

1974 年贸易法案触发了美国各行各业在与进口竞争时对救助需求的爆发。这些需求包括要求对例如化学制品、钢材、电子消费品、工业紧固件、火腿罐头和乙烯鞋等项目采取反倾销、反补贴税以及免责条款等限制措施。各种非关税壁垒被引入众多产品。这些措施中最复杂的是 1974 年 1 月 1 日生效的多纤维协议,该协议设定了限制从每一个工业化国家纺织品进口的参数。

采用"自愿出口限制"保护特定行业的现象扩大。根据这些协议，进口国家与出口国家谈判一项协议，限制其自愿出口的数量。在美国，这种以 OMA 形式的限制已经被施加在特种钢材、彩色电视接收机、非橡胶鞋、某些肉类、蘑菇、纺织品和汽车。[1]

在 1976 年，总统达成一项有序销售协议，限制了日本出口的特种钢材；对从欧洲经济共同体（EEC）和其他国家的进口实施单边配额。在 1979 年 3 月，美国国际贸易委员会（ITC）判定韩国自行车轮胎和内胎正在损害国内制造者。[2] 在 10 月，ITC 建议总统卡特对苏联无水氨实施三年配额。在 11 月，委员会提出对低价瓷器和钢炊具的进口税大幅提升。到 1980 年春末，对从日本进口的小货车征收显著更高的进口税的压力越来越大。在 1980 年 8 月，这种压力导致原产于日本的轻型拖车 25% 的关税。[3]

在 1980 年使用贸易限制作为外交政策的武器显著增加。[4] 针对在阿富汗的入侵，美国禁止国内出口商向苏联出售玉米、小麦和某些肥料产品。高科技产品的出口也有严格限制。

在 1980 年夏天，福特汽车公司与全美汽车工人联合会一起请求 ITC 给予保护免受日本进口的竞争。委员会认定进口不是损害国内汽车行业的主要原因。然而，国会和总统迫于政治压力与日本政府讨论自愿出口限制。实际上，日本汽车制造商迫于日本政府压力同意在 1981 年 4 月以后的一年，限制对美国的出口至 168 万台，并且不增加出口，除非美国汽车销量扩大。

当国内钢铁行业在 1982 年 1 月 11 日以文件形式向商务部和 ITC 指控 9

---

[1] 关于彩色电视机有序销售协议的影响的更详细分析可在以下文献中找到：V. A. Canto and A. B. Laffer, "The Effectiveness of Orderly Marketing Agreements: The Color TV Case", *Business Economics*, Vol.18, January 1983, pp.38－45. 关于钢铁行业限制的分析，见：Victor A. Canto, "The Effects of Voluntary Restraint Agreements: A Case Study of the Steel Industry", *Applied Economics*, April, 1984; Victor A. Canto and Richard V. Eastin, "A High Road for the U. S. Automobile Industry", A. B. Laffer Associates (March 30, 1984); Victor A. Canto and Arthur B. Laffer, "Failure of Protectionism: A Study of the Steel Industry", A. B. Laffer Associates (November 5, 1982).

[2] "U. S. Ruling Faults Imports of Korean Bicycle Tires", *The Wall Street Journal* (March 23, 1979), p.36.

[3] A. Pasztos, "Sharp Boost in Duties on Foreign Trucks Is Not Expected to Aid Sales of U.S. Models", *The Wall Street Journal* (August 20, 1982), p.9.

[4] 支持这些行动的理由可在以下文章中找到：F. Allen, "Executives Say Imports Pose Serious Threat", *The Wall Street Journal* (August 27, 1980), p.11.

个欧洲国家以及巴西、南非的不公平贸易做法,迈向贸易保护主义的步伐开始加速。这项冲突的解决措施是施加配额,将从欧洲的钢铁进口限制在1981年水平的85%。一份关于为保护特定商品而发生的贸易限制改变的摘要参见表4.3。

虽然全面贸易限制不会改善整体经济,但保护主义政策的倡导者坚持认为用以保护特定行业的贸易限制可能会实现这一目标。自由贸易倡导者反驳:虽然特定行业的贸易保护政策可能维持受保护行业的盈利能力和就业水平,但是好处最多是暂时的。此外,关税和配额从某种程度上构成了世界经济的税收楔子,工作努力的回报将明显降低。通常,随后下滑的经济活动降低劳动者的生活水平和就业水平以及行业的盈利能力,使该产业中的资本和劳动力更糟糕。

表 4.3　　　　　　　　1961~1982年特定行业贸易限制的摘要

行业	SIC*	年份	采取的行动
纺织	22	1961	建立自愿配额,限制棉纺织品进口
		1968	自愿限制对美国出口的羊毛织物和合成织物
		1974	多纤维协议限制纺织品出口
玻璃片和毛毯	227	1962	玻璃片和毛毯的关税上升
肉类	201	1964	1964年肉类进口法案旨在保护国内畜牧行业;当进口超过调整基数10%(触发水平)时配额生效;总统有权暂停配额
		1969	对主要肉类供应国非正式的限制;与洪都拉斯特别双边限制
		1970	与其他国家协商对进口肉类的自愿限制
		1971	对持续的肉类进口的限制项目,允许1971年的进口高于暂停的触发水平但是低于经协商的限制水平
		1972	经协商对肉类自愿限制
		1975	经协商对肉类自愿限制
		1977	经协商对进口肉类自愿限制
金融机构	60	20世纪60年代中期	利息均衡税,旨在限制在美国提供给外国人的银行服务
		20世纪60年代中期	外国直接投资项目,限制美国企业对外直接投资的可用性
钢铁	331	1969	对进口钢铁实施的自愿限制协议

续表

行业	SIC*	年份	采取的行动
		1972	对钢铁的自愿限制协议从 1971 年延长至 1974 年
		1978	对钢铁实施触发价格机制
		1982	与欧洲国家协商钢铁配额
特种钢材	332	1971	不锈钢餐具的关税上升
		1976	对特种钢材设置配额
水果	017	1982	允许经协商对墨西哥的水果和蔬菜实施的配额（1971 年）失效
大豆	0116	1974	美国大豆出口禁运
非橡胶鞋	314		有序销售协议；与韩国和中国台湾协商限制非橡胶鞋的进口数量至 1976 年水平
彩色电视机	365	1977	与日本达成有序销售协议，限制彩色电视机的进口
		1980	与韩国和日本达成有序销售协议，限制彩色电视机的进口
工业紧固件	3452	1979	对工业紧固件进口的现值在一次未获得 ITC 通过以后实施；委员会被要求按照筹款委员会的请求再次考虑限制措施
轻型拖车	3713	1980	对轻型拖车实施 25% 的关税
汽车	3722	1980	为控制汽车进口与日本协定自愿出口限制
摩托车	375	1982	哈雷—戴维森对来自日本的进口向美国政府寻求贸易保护

* SIC 是标准工业分类的缩写形式。

特定行业的贸易政策：挑选行业

特定行业的贸易政策对行业影响的实证分析与分析全面贸易政策相似。对于这项研究，我们选取了四个行业：(1)皮鞋；(2)彩色电视机；(3)汽车；(4)钢铁。计算每个行业在事件周期内三个时间段的累积超额回报。

首先，皮鞋行业股票指数的累积超额回报一直是负的和统计显著的（见表 4.4，一列）。这个结果表明，对进口皮鞋实施限制措施压低了国内皮鞋行业的资本回报率。估计显示在时间段内股票指数平均每月下降 1.2%。

其次，检验了贸易限制对彩色电视机、汽车、钢铁行业股票指数的影响。累积超额回报和相关统计量与从皮鞋行业获得的相似，虽然 t 统计量有些偏小。因为在整个事件时期内方差增大，然而，接受贸易限制政策已经同样不利于这三个行业股票价值的假设是合理的。

结果表明，一般而言，贸易限制导致彩色电视机和汽车行业指数大约每月下降 1.2%，钢铁行业指数大约每月下降 0.5%。① 然而，钢铁行业的结果不是统计显著的。由于特定行业的贸易限制压低了受保护行业的股票指数，它们对经济健康可能的贡献只是提高了受保护行业的就业增长。

表 4.4　在特定行业贸易行动期间股票累积超额回报（牛市时期*）

时期	皮鞋行业 累积超额回报 (百分比)	t-统计量	彩电行业 累积超额回报 (百分比)	t-统计量	汽车行业 累积超额回报 (百分比)	t-统计量	钢铁行业 累积超额回报 (百分比)	t-统计量
EM+12 至 EM+6	−25.33	1.90	−23.05	1.6	−25.71	1.6	−11.74	0.98
EM+12 至 EM+0	−26.79	1.69	−23.40	2.1	−16.84	1.2	−13.61	1.36
EM+12 至 EM+1	−31.74	2.1	−24.20	2.2	−17.23	1.3	−10.96	1.10
平均超额回报**	−1.27		−1.213		−1.28		−0.587	
方差**	0.19		0.10		0.14		0.07	
自相关性**	−21.5		15.30		4.30		21.3	

* 参见第 57 页注释①对牛市时期的定义。

** 这些统计量采用 EM−12 至 EM+6 的时间段计算。

四个被选定行业的累积超额就业增长在表 4.5 中介绍。皮鞋、电视机和汽车行业在所有三个时间段的累积超额就业增长都是负的。这个下降的范围从最低的彩色电视机行业的每月 0.3% 至最高的汽车行业的每月 1%。但是，这些结果不是统计显著的。对于钢铁行业，结果显示，由于贸易限制的实施，就业增长率每月上升 0.3%。因为在事件发生月附近，方差扩大，有证据表明就业增长的上升是统计显著的。

表 4.5　在特定行业贸易行动期间累积超额就业增长（牛市时期*）

时期	皮鞋行业 累积超额回报 (百分比)	t-统计量	彩电行业 累积超额回报 (百分比)	t-统计量	汽车行业 累积超额回报 (百分比)	t-统计量	钢铁行业 累积超额回报 (百分比)	t-统计量
EM+12 至 EM+6	−10.315	−0.585	−5.64	−0.322	−20.31	−0.84	6.33	0.68

① 对于钢铁的案例，有四个贸易限制的实例。计算每一个实例中的累积超额回报。在表 4.4 和表 4.5 中报告的结果代表了四个实例的平均水平。

续表

时期	皮鞋行业 累积超额回报 (百分比)	t-统计量	彩电行业 累积超额回报 (百分比)	t-统计量	汽车行业 累积超额回报 (百分比)	t-统计量	钢铁行业 累积超额回报 (百分比)	t-统计量
EM+12 至 EM+0	-6.49	-0.44	-8.17	-0.55	-18.57	-0.92	10.55	1.41
EM+12 至 EM+1	-8.186	-0.558	-7.87	-0.552	-19.50	-1.01	11.66	1.60
平均超额回报								
回报率**	-0.542		-0.29		-1.06		-0.33	
方差**	15.99		14.86		30.18		4.39	
自相关性**	-21.00		-31.00		-14.02		-7.27	

* 参见本书第 53 页注释①对牛市时期的定义。

** 这些统计量采用 EM-12 至 EM+6 的时间段计算。

4.4 全面贸易政策的决定因素

投资组合经理应该预见贸易限制，因为它们可以影响股票价格。实行全面贸易限制措施的概率可以基于商品贸易平衡、股票市场回报和就业增长而量化。（股票市场回报和就业增长是相对于牛市时期平均值进行量化，就像是在衡量贸易限制对这些变量影响的时候一样。）贸易平衡的恶化被证明是增加了全面贸易限制的关键因素（见表 4.6）。从表面数据来看，结果显示贸易平衡每恶化 GNP 的 1%，导致全面贸易限制实行的概率增加 4.22%。（样本选择和统计技术的讨论在附录 B 中报告。）

表 4.6　　　　全面贸易限制的决定因素：Logit 模型估计的结果*

自变量	系数	标准误差	显著性水平
截距项	-3.14	2.13	0.139
贸易平衡占 GNP 比重	-4.22	1.89	0.026
实际股票回报率	-9.9	6.4	0.124
就业变动百分比	-3.57	7.79	0.940
模型卡方值	17.54		0.0005

* 全面的贸易减少政策干预（因变量=1）。

然而，有趣的是我们的分析没有发现股票市场回报和发生全面贸易限制之间显著的关系。此外，没有证据表明整体经济的就业表现与采取保护主义政策有关。这些结果并不令全球货币主义者惊讶，他们认为当经济处于高于平均速度的增长时,股票市场往往上涨而且即使贸易平衡恶化,就业表现也将改善。因此一个恶化中的贸易平衡屡见不鲜地预示着扩张的经济。[①]

这些结果证明了根深蒂固但是错误的观点,即恶化的贸易平衡等于就业的出口。而且,鉴于1982～1984年美国贸易平衡的恶化,它们也解释了过去两年急剧增加的贸易保护主义压力。

特定行业贸易行动的决定因素

在特定行业贸易行动的情况下,相对于经济表现的行业,就业和股票回报被证明是贸易行动的先导。行业股票回报的下降或相对于美国总就业的行业就业增长率下滑,显著增加了特定行业贸易限制实施的概率(见表4.7)。

表 4.7　　特定行业贸易限制的决定因素:Logit 模型估计的结果*

自变量	系数	标准误差	显著性水平
截距项	−1.269	0.355	0.0004
就业相对增长(SIC)	−9.616	5.36	0.073
相对股票回报率	−2.97	1.42	0.074
出口相对增长	−1.83	1.67	0.197
模型卡方值	4.58		0.126

* 特定行业的贸易削减政策干预(因变量=1)。

- 行业股票回报相对于股票市场下降1%导致采取特定行业保护主义政策的概率增加2.97%。
- 相似地,行业就业增长相对于全国就业水平每下降1%导致采取特定行业保护主义政策的概率增加9.6%。

最后,值得注意的是,虽然资本和劳动者认为进口是损害的原因,特定行业的进口增长相对于所有美国的进口与特定行业贸易限制没有明显的关系。

4.5　结论

国际贸易中的政策干预似乎与经济事件有系统性的关联。全面贸易限制不是由减缓的就业增长引起的。相反,1960年以来主要贸易削减政策最重要的

---

① Arthur B. Laffer and James C. Turney, "Trade Policy and the U.S. Economy", A.B. Laffer Associates(March 24, 1982).

决定因素是恶化的贸易平衡。然而,一个行业就业增长的下滑,或者它的股票回报相对于经济的平均水平下降,导致特定行业保护主义政策的显著增加。

贸易限制的实施不能实现所述目标。差不多在全面限制措施实施的时候,股票价值和就业下滑,而不是保护主义者期望的改善。即使是旨在保护特定行业的政策,也往往不能实现它们的目标。皮鞋行业、彩色电视机行业和汽车行业在实施保护主义政策以后股票价值下跌。贸易限制措施宣布时的就业表现依然恶化。在这些行业,结果不是统计显著的。

钢铁行业与贸易限制的经历有些不同。贸易限制的实施与行业股票指数的恶化又一次无统计显著性关系。然而,对于这个行业,贸易限制与该行业相对于全国平均水平的就业增长有统计上显著的关系。这对于资金管理者和金融分析师的意义是相当清楚的。一个受保护的经济或行业将倾向于弱于那些被迫适应严酷的国际竞争的经济和行业。

附录 A

分析方法简介:平均值模型

由法玛、费舍尔、詹森和罗尔开创的"事件时间方法"要求一个股票价值预期变动(即回报率)的均衡模型。[1] 莫顿[2]和勒罗伊[3]提出了替代模型来估计股票指数的预期收益率。在这项研究中采用的是一个被广泛使用的模型——平均值模型。

在事件周期前预先指定时间长度,通过取该时间段内回报率的平均值估计指数的预期回报率。然后将平均值应用至事件周期外。任何对预期收益的偏离被归因于贸易行动。因此,这些预测误差(即偏离平均值)作为事件相关异常回报的代表。

---

[1] E. Fama, M. Fisher, M. Jensen, and R. Roll, "The Adjustment of Stock Prices to New Information", *International Economic Review*, Vol. 10, No. 19, 1969, pp.1—21.

[2] R. Merton, "On Estimating the Expected Return in the Market: On Exploratory Investigation", NSER Working Paper, No. 444(February 1980).

[3] S. Leroy, "Expectation Models of Cost Prices: A Survey of Theory", *The Journal of Finance*, Vol. 37, March 1982.

平均值模型检验

事件周期的长度通常是任意选择的。为了这项研究的目的,该事件周期的跨度为贸易行动宣布前的 12 个月(EM－12)和贸易行动宣布后的 6 个月(EM＋6)。对于包含一个以上贸易行的特定行业事件,比如钢铁行业,事件周期由宣布事件附近的数据而定。平均超额回报率(AER)的计算如下:

$$AER_t = 1/J_t \sum_{J=t}^{j=k} ER_{jt} \qquad (1)$$

其中:J_t 是选取的贸易行动数目,t 代表事件周期对应的时间;ER_{jt} 代表特定事件在发生 t 月内的超额回报。

异常表现的统计显著性由构建一个累积超额回报(CAER)的统计量决定:

$$CAER_{t_1,t_2} = \sum_{t=t_1}^{t_2} :AER_t \qquad (2)$$

CAER 的显著性由 t 统计量决定,该 t 统计量通过累积超额回报与其估计标准差的比值计算得出。① 标准差从行业指数的时间序列中估计。t 统计量估计的主要问题是估计方差时数据的时间序列相关性。大多数事件研究忽略了这个问题。然而,如果预测误差显示一阶自相关,CAER 的方差将被低估。在有一阶自相关的情况下,将使用以下公式估计方差:②

$$\text{Var}(CAER_{t_1,t_2}) = t\text{Var}(AER_t) + 2(t-1/t)\text{COV}(AER_t, AER_{t+1}) \qquad (3)$$

事件研究中估计方差的第二个主要问题是,证据表明股票回报的方差在事件宣布日附近会增加。③ 这将导致真实 t 检验值的低估。④ 我们使用事件周期——一个高方差的时间段——来估计 CAER 的方差。这将使我们的结果倾向于保守的一面。如果一个错误的通用事件周期被强加在选定的所有事件,将会出现另一个问题。

---

① R. Ruback, "The Effect of Price Controls on Equity Values", WPSMERCF2－06, University of Rochester, Rochester, New York (December 1979).

② S. Brown and G. Warner, "Using Daily Stock Returns in Event Studies", Working Paper, University of Rochester, Rochester, New York (February 1983).

③ William H. Beaver, "Econometric Properties of Alternative Security Return Methods", *Journal of Accounting Research*, Vol. 19, No. 1, Spring 1981, pp.163－183.

④ 关于此话题请参考 A. Christie, "On Information Arrival and Hypothesis Testing", Working Paper, University of Rochester, Rochester, New York (1983).

有人认为事件周期的随意选择会导致不理想的结果。[①] 尽管由于错误选择事件周期而有参数估计偏差的可能,大多数事件时间研究还是使用一个任意的通用事件周期估计事件相关的影响。为了将问题最小化,应该使用最大似然法理想地处理每一个选定的政策或事件。改变事件周期长度的一个原因可能是信息传播速度和一个行业或公司适应事件的效率可能随时间而变化。我们相信这些变化可能对于一个公司比整个行业或经济总体更明显。虽然我们使用了一个通用的事件周期,可能误选事件周期的影响,如有,通过检验事件(贸易限制)在事件周期内三个不同时间段的影响而得以最小化。另外,我们只使用更有可能一致有效的加总工业指数。

附录 B

样本选择和估计方法

Logistic 概率曲线

我们对全面贸易行动的分析使用时间序列分析。对特定行业贸易行动的分析综合使用横截面和时间序列分析。为了检验广义的宏观经济贸易干预,收集了实际贸易平衡、就业和普通股实际回报率变化的年度数据。政策行动在表 4.1 中已列出。在一个给定年份内,有贸易减少作用的政策行动是需要解释的事件,因变量的值取 1;否则,它的值为 0。分析的时间周期是 1960～1982 年(23 个观察样本)。

为了进行特定行业贸易行动的分析,自 1960 年开始实施的限制,根据受贸易限制(见表 4.3)影响最大的标准工业门类(SIC)进行划分。贸易限制被归类为关税(价格限制)或者配额(数量限制)。在实证分析中,限制只有存在和不存在两种结果(即 0 和 1 二项分类)。

对于每一个受贸易政策影响的行业,获取就业、进口和股票回报率的 10 年历史数据。就业和出口测量的来源是标准工业分类的行业就业和出口。证券价格研究中心(CRSP)按 SIC 代码的回报率文件提供了行业平均股票回报率。在剔除数据不足的行业后,样本包含 14 个行业(见表 4.3)。除了受贸易政策直

[①] K. Brown, C. Lockwood, and S. Summer, "On Examinations of Event Dependency and Structural Change in Security Price Models", Presented at the Present West Ford Financial Meeting (June 1983).

接影响的样本行业,随机选择不受贸易政策影响的匹配行业。这些行业代码(SICs)也在表 4.3 中给出。

特定行业影响效果的统计分析数据由以下受贸易政策影响的样本行业构成。首先,计算贸易政策干预前两年的就业的增长率和增长率的变化。增长率表现为 SIC 行业就业增长与美国总体就业增长的差异,以及 SIC 进口相对于美国进口的增长。因此,分析中使用了四个变量:(1)贸易干预的定性设定(通常是一个配额);(2)相对于全国平均水平的就业增长率;(3)表示为相对于全国平均水平的进口增长;(4)相关的 SIC 行业股票回报率相对于标准普尔 500 的表现。

此外,使用受影响行业和匹配样本的历史数据,产生没有贸易政策干预发生时的观察数据。受影响行业的就业增长率和进口的历史时间序列再一次表示为与它们对应的美国平均水平的差异,计算贸易政策干预前四年、五年、七年和八年的相关数据。对于来自匹配样本的公司,和受影响行业一样计算增长率和回报率数据,各行业计算的时间周期随机错开。在某些情况下,由于数据可用性,使用五年的增长时期。最终,样本的特定行业事件分析是基于 59 个观察数据。

全体行业和特定行业事件分析中的因变量都是显示无干预或贸易限制实施的定性变量。由于因变量的定性性质,选择 Logit 分析基于被贸易影响的受损害度量预测贸易干预政策。Logit 分析的使用与本程序在其他应用中的使用一致。Logit 对回归误差项的统计特性只有最低的要求。这些要求在与贸易干预相关的政治不确定性的案例中能被满足,而这些不确定性被作为随机误差项的来源。

Logit 分析估计 Logistic 概率曲线作为解释变量的函数。因为因变量是个二项值且函数是非线性的,故使用最大似然估计方法。我们的估计是基于统计分析系统(SAS)的 logit 程序。

第 5 章

各州竞争环境:1986~1987 年最新的信息

维克托・A. 坎托、阿瑟・B. 拉弗

各州的竞争环境将由于第二次里根联邦税率下调的实施而受到巨大影响。即使没有州政府的行动,较低的联邦税率减少了每一美元州所得税产生的联邦税收减免。保持其他条件不变,这将提高有效州所得税税率。更进一步,许多州政府的收入和其他税收与联邦所得税税率联系。在税后的基础上,税率低的州相对于税率高的州将获益。

除了联邦税制改革的影响,通过立法行动降低他们相对税收负担的州将经历更快的经济增长和增强的竞争力。密歇根州、俄亥俄州、特拉华州、纽约州、康涅狄格州、宾夕法尼亚州、南加州是 1987 年最有可能在竞争力方面表现出受益的州。这一组的前五个州正明确地考虑税率下调。此外,俄亥俄州的州长理查德・西莱斯特和纽约州的州长马里奥・科莫提出,由于联邦税制改革造成的任何税收收入增加应该返还给纳税人。

堪萨斯州、新墨西哥州、科罗拉多州、爱达荷州、路易斯安那州、俄勒冈州、肯塔基州、爱荷华州和密苏里州是最有可能失去竞争力的州。除非这些州尽快采取对策,它们的税收负担相对于国家平均水平将上升。在相对税收负担上升的州内有工厂或经销店的企业,相对于设施在相对税收负担下降的州内的公司,将遭遇困境。

表面上,1986 年是 20 世纪 80 年代州政府税收政策最不活跃的一年。然而,州和地方立法行动的重点忽略了州和地方有效税率在 1987 财政年度的重大变化。① 由于美国实施了第二次里根联邦税率下调,即使州和地方政府没有

---

① 50 个州中的 46 个州,财政年度开始于 7 月 1 日。

采取行动，各州的竞争地位将被显著改变。

联邦税制改革将以两种直接的方式改变一个州的竞争力。第一，许多州与联邦所得税有联系。因此，他们的有效税率将与联邦税率下调一起改变。第二，基于联邦定义的应纳税所得额中州和地方税收的减免性，联邦税率的下调将加大各州有效税率的差异。随着降低的联邦税率，每一美元州税收支出提供的联邦税收减免更少。低税率州相对于高税率州在税后的基础上将获益。

一般来说，每一个大幅提高其相对于国家平均水平税收负担的州将发现更难保留现有的工厂设施和吸引新业务。此外，可移动的资本和劳动力为了获得较高的税后回报将迁移至其他州。不可移动的生产要素将被留下承担州和地方税收负担。在相对税收负担上升的州内有工厂或经销店的企业相对于设施在相对税收负担下降的州内的公司将遭遇困境。

5.1 框架

在调整为较高或较低的税率时，一个州相对于其他所有州平均水平税率的变化将改变它的相对增长率。[①] 例如，一个州税率的下降减少了在州内商业的成本，这增加了对在州内现已较便宜的商品和服务的需求。对州内商品和服务较高的需求，将导致对州内资本和劳动力需求的增长。

如果其他所有条件保持不变，税率的降低也增加了资本和努力工作的回报，从而导致州内资本和劳动力供给的增加。较高的劳动力和资本回报率也吸引了可流动要素向州内迁移。起初，这种迁移是以现有生产设施轮班的形式或者加班的形式增加劳动力的利用率。随着时间的拉长，迁移将包括个人和工厂转移到州内以及原本可能会离开的工厂和就业岗位的保留。这种迁移将持续，直到州内可流动要素的税后回报率等于经济体内其他地方相同要素的税后回报率。该州固定要素的回报无疑将上升。

税率的变动对那些高度流动的生产要素的供应影响最大。例如，考虑一个为了改善生活而准备迁移的劳工的例子。这个劳工对州内劳动力的可用性将对州税率的变动极其敏感。相反，像新钢厂这种形式的资本是高度不可移动的。其经营水平最初将相对不受州税率变化的影响。州税率变化的主要影响

---

① Victor A. Canto and Robert I. Webb, "The Effect of State Fiscal Policy on State Relative Economic Performance", *Southern Economic Journal*, Vol. 54, No.1, July 1987; Victor A. Canto, Charles W. Kadlec, and Arthur B. Laffer, "The State Competitive Environment", A. B. Laffer Associates(August 8,1984).

将是工厂的利润。

各州商品或者生产要素的价格在税前或税后是否平衡,取决于每个项目的流动性。可流动的生产要素的价格在各州税后将趋于相等。不可移动要素的价格将下跌约等于税收的量。这意味着税收的变动将有两个普遍的影响:

- 州内可移动要素的数量和税前价格将改变,从而保持税后回报率不变。
- 不能离开州的生产要素的数量和税前价格将不变,从而它们的税后回报率发生改变。

5.2　1986年州竞争力预测的表现

从竞争的角度看,确定各州相对税收负担的变化是重要的。正在降低相对税收负担的州将会经历加速的经济增长。那些正在增加相对税收负担的州应会显示出较慢的经济增长速度。在1980~1985年,各州相对税负的变动和经济增长速度之间负向和显著的关系是显而易见的(见图5.1)。

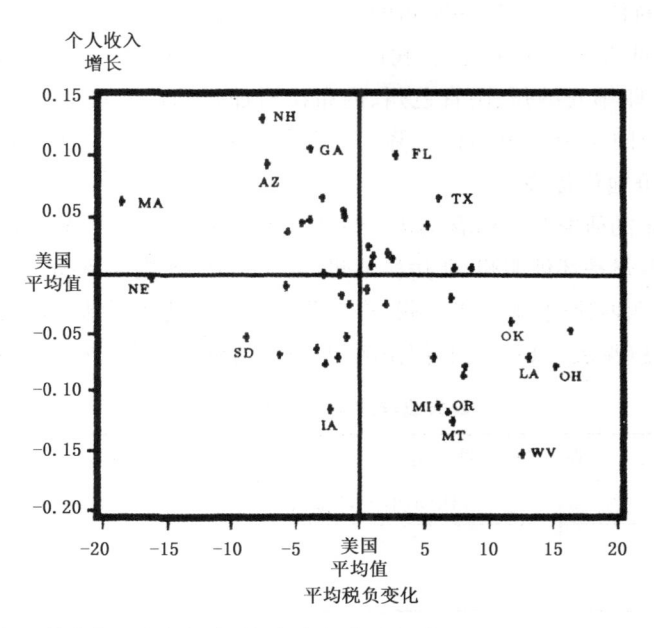

* 不包括阿拉斯加、夏威夷、怀俄明;包括华盛顿特区。
** 州内实际个人收入的对数相对于美国平均水平的对数之间差异的变化。
*** 州内每1 000美元个人收入的税收收入相对于美国平均水平的变化。

图5.1　1980~1985年经济增长和相对税负变化*

相对税收负担与经济表现之间的负向关系结合制定并提出税收立法的知识,可以被用以预测哪个州最有可能获得或失去竞争力。州的经济表现可以用其他方法衡量:一种是个人收入的增长;另一种是州的失业率。州个人收入数据通常有超过一年的滞后。州实业数据的滞后性更短。数据可获得性的时机使州失业率成为衡量州竞争环境变化的更有吸引力的变量。我们对竞争环境变化的计算方法如下:最近月份的州失业率在本例中是 1986 年 8 月,与 12 个月前的州失业率相比较。

在 1985 年 12 月,我们关于州竞争力的分析预测威斯康星州、康涅狄格州、堪萨斯州、明尼苏达州、宾夕法尼亚州和罗得岛州最有可能获得竞争优势。[1] 在 1985 年,罗得岛州的失业率情况在国内排名第八,到 1986 年改善至第二位(见表 5.1)。与我们的预测一致。康涅狄格州、明尼苏达州、宾夕法尼亚州和罗得岛州改善了它们的相对排名。

我们 1985 年的研究也预测威斯康星州和堪萨斯州将提高它们的竞争地位。这项预测后来对堪萨斯州进行修正,该州受下跌的能源价格的负面影响。[2] 与我们修正的预测一致,堪萨斯州的竞争地位恶化。它的排名从最低失业率第 10 位跌至最低失业率第 17 位。我们 1985 年 12 月的研究认为,俄克拉荷马州、密西西比州、印第安纳州、阿肯色州、内布拉斯加州和佛罗里达州可能失去竞争力。6 个州中的 4 个竞争地位下降。与我们的预测相反,印第安纳州和内布拉斯加州的竞争地位提高。

我们后来的研究为了包含会因为能源价格暴跌而财政状况恶化的州而扩大了列表。这些州是怀俄明州、北达科他州、蒙大拿州、新墨西哥州、俄克拉荷马州、堪萨斯州、密西西比州、亚拉巴马州、得克萨斯州和犹他州。新墨西哥州的失业率排名保持不变(见表 5.1)。与我们预测的一致,其余 9 个州的竞争地位下降。

表 5.1 以失业率为基础的各州排名

在 1986 年最有可能由于税负变动而排名上升的州		
州	1985 年 8 月排名	1986 年 8 月排名
威斯康星州	21	24
康涅狄格州	9	6

---

[1] Victor A. Canto, "The State Competitive Environment: 1985—1986 Update", A. B. Laffer Associates(December 20, 1985).

[2] Victor A. Canto, "Falling Energy Prices and the Competitive Environment among the States", *Public Utilities Fortnightly*, Vol. 117, No. 13, June 26, 1986, pp.26—29.

续表

州	1985 年 8 月排名	1986 年 8 月排名
堪萨斯州	10	17
明尼苏达州	14	11
宾夕法尼亚州	35	25
罗得岛州	8	2

在 1986 年最有可能由于税负变动而且排名下降的州

州	1985 年 8 月排名	1986 年 8 月排名
俄克拉荷马州	28	46
密西西比州	48	50
印第安纳州	31	27
阿肯色州	39	43
内布拉斯州	12	6
佛罗里达州	19	22

由于石油冲击而最有可能排名下降的州

州	1985 年 8 月排名	1986 年 8 月排名
怀俄明州	23	40
北达科他州	11	19
蒙大拿州	25	28
新墨西哥州	44	44
俄克拉荷马州	28	46
堪萨斯州	10	17
密西西比州	48	50
亚拉巴马州	42	47
得克萨斯州	30	45
犹他州	13	18

5.3　1986 年州税务变化(适用 1987 财政年度)

在 1986 年,16 个州上调了有效税率,7 个州下调了有效税率。[1] 3 个州增

---

[1] Steven Gold, Corina Eckl, and Brenda Erickson, "State Budget Actions in 1986", National Council of State Legislatures, Fiscal Affairs Program, Denver, Colorado(September 1, 1986).

加了个人所得税税率(见表 5.2)。新墨西哥州废除了一些税收抵免并提升了税率,路易斯安那州暂停了两项税收抵免,科罗拉多州暂停了指数化。8 个州享有个人所得税税率削减。马萨诸塞州、纽约州和俄亥俄州制定了从 1986 财政年度开始的多年期的所得税税率削减。内布拉斯加州对 1986 财政年度的一年期暂时所得税税率上调到期。密歇根州将税率从 5.1% 下调至 4.6%。特拉华州降低了 9% 的税率。宾夕法尼亚州将税率从 2.2% 下调至 2.1%。佛蒙特州将其所得税占联邦所得税负债从 26.5% 下调至 24%。

爱达荷州、新罕布什尔州和犹他州从世界范围转换至水域法对企业利润进行整体组合。这种转变代表了为跨国企业的减税。科罗拉多州和新墨西哥州提高了企业税率。宾夕法尼亚州是唯一一个降低企业税率的州。爱达荷州、堪萨斯州、内布拉斯加州和新墨西哥州提高了一般销售税税率。路易斯安那州、佛罗里达州和缅因州拓宽了销售税税基,康涅狄格州则提供了一些新的销售税豁免项目。

几乎所有的消费税行动都是增加。弗吉尼亚州、科罗拉多州、肯塔基州、蒙大拿州、北卡罗来纳州和田纳西州提高了汽油税。5 个州提高了香烟税:科罗拉多州、佛罗里达州、新墨西哥州、罗得岛州和华盛顿州。夏威夷州和缅因州是仅有的提高酒精饮料税率的州。从地区上看,所有的大幅增加税率发生在石油产出或农业大州,而降低发生在国家的东北区域。所有州最高边际税率的摘要报告在表 5.3 中。

表 5.2　　　　　　　　　　1986 年州税率变化(适用 1987 财政年度)

州	无重大税制变化	销售税	个人所得税	企业/分支税率	汽油税	香烟税	酒精饮料税	其他
亚拉巴马州	N							
阿拉斯加州	N							
亚利桑那州	N							
阿肯色州	N							
加利福尼亚州	N							
科罗拉多州			+	+	+	+		
康涅狄格州		−						
特拉华州			−					−
佛罗里达州		+				+		
乔治亚州	N							
夏威夷州					−		+	+
爱达荷州		+		*				
伊利诺伊州	N							
印第安纳州	N							

续表

州	无重大税制变化	销售税	个人所得税	企业/分支税率	汽油税	香烟税	酒精饮料税	其他
爱荷华州	N							
堪萨斯州		+						
肯塔基州					+			
路易斯安那州		+	+				+	+
缅因州		+						
马里兰州	N							
马萨诸塞州			−					
密歇根州			−					
明尼苏达州	N							
密西西比州	N							
密苏里州	N							
蒙大拿州					+			
内布拉斯加州		+	−	+				−
内华达州	N							
新罕布什尔州				*				
新泽西州	N							
新墨西哥州		+	+	+		+		+
纽约州			−					
北卡罗来纳州					+			
北达科他州	N							
俄亥俄州			−					
俄克拉荷马州	N							
俄勒冈州	N							
宾夕法尼亚州			−	−				
罗得岛州						+		
南卡罗来纳州	N							
南达科他州	N							
田纳西州					+			
得克萨斯州	N							
犹他州				*				
佛蒙特州			−	+				
弗吉尼亚州					+			
华盛顿州						+		
西弗吉尼亚州	N							
威斯康星州	N							
怀俄明州								+

＋＝税率上调，－＝税率下调，N＝无主要税收行动。

* 爱达荷州、新罕布什尔州和犹他州从世界范围转换至水域单一法确定企业所得税。

资料来源："State Budget Actions in 1986", National Conference of State Legislatures.

表 5.3　　　　　　　　　　　1986 年 1 月 1 日各州现行主要税率

州	收入税 企业	收入税 个人	一般销售和使用税率	汽油税（每加仑）	烟草税（每20包）	不动产税
亚拉巴马州	5%(F)	2 to 5%(F)	4%[a]	11	16.5	X
亚利桑那州	2.5~10.5(F)	2~8(F)	5[a]	16	15	X
阿肯色州	1~6	1~7	4[a]	13.5	21	X
加利福尼亚州	9.6	1~11	4.75[a]	9	10	X
科罗拉多州	5[b]	3~8(F)	3[a]	12	15	X
康涅狄格州	11.5[c]	1~13[d]	7.5	15[e]	26	X
乔治亚州	6	1~6	3[a]	7.5+3%零售	12	
夏威夷州	5.85~6.435	2.25~11	4	15~18.5	40%	批发性
爱达荷州	7.7	2~7.5	4	14.5	9.1	X
伊利诺伊州	4	2.5	5[a]	12	20	X
印第安纳州	3[f]	3	5	14.1	10.5	X
爱荷华州	6~12(F)	0.5~13(F)	4	15	26	
堪萨斯州	4.5[g]	2~9(F[h])	3[a]	11	24	X
肯塔基州	3~7.25	2~6(F[h])	3[a]	11	24	X
路易斯安那州	4~8(F)	2~6(F)	4[a]	16	16	
缅因州	3.5~8.93	1~10	5	14	28	X
马里兰州	7	2~5	5	13[i]	13	X
马萨诸塞州	8.33[j]	5[k]	5	11	26	X
密歇根州	2.35	5.1[b]	4	15	21	X
明尼苏达州	6~12	1.5~14(F)	6[a]	17	23	X
密西西比州	3~5	3~5	6	9	18	X
密苏里州	5(F)	1.5~6(F)	4.225[a]	7	13	X
内布拉斯加州	4.75~6.65	19%联邦所得税	3.5[a,e]	17.2	18[e]	X
新泽西州	9[l]	2~3.5	6	8	25	X
新墨西哥州	4.8~7.2	0.7~7.8[m]	3.75[a]	11	12	X
纽约州	10[x]	2~13.5[b]	4[a]	8	21	
北卡罗来纳州	6	3~7	3[a]	12	2	X
北达科他州	3~10.5(F)	2~9[n](F)	4	13	18	X
俄亥俄州	5.1~9.2[c]	0.855~8.55[b]	5[a]	12	14	X
俄克拉荷马州	5	0.5~6[m](F)	3.25[a]	10	18	

第5章　各州竞争环境：1986～1987年最新的信息 / 073

续表

州	收入税 企业	收入税 个人	一般销售和使用税率	汽油税（每加仑）	烟草税（每20包）	不动产税
宾夕法尼亚州	9.5	2.2	6	12	23.4	X
罗得岛州	8[c]	22.21%联邦所得税	6	13[i]	23	X
南卡罗来纳州	6	2～7(F)	5	13	7	X
田纳西州	6	6[d]	5.5[a]	12	13	
犹他州	5	2.25～7.75(F)	4.625[a,b]	14	12	X
佛蒙特州	6～9[b]	26.5%联邦所得税	6	13[i]	23	X
弗吉尼亚州	6	2～5.75	3[a]	11	2.5	X
西弗吉尼亚州	6～7[e]	2.1～13	5	10.5	17	X
威斯康星州	7.9	5～7.9	5	16	25	X
佛罗里达州	5.5		5[a]	4	21	X
内华达州			5.75[a]	11.25	15	X
南达科他州	此五州没有企业所得税	此七州没有个人所得税	4[a]	4[a]	13	23
得克萨斯州			4.125[a]	4.125[a]	10	20.5
华盛顿州			6.5[a]	18	23	X
怀俄明州			3[a]	8	8	X
阿拉斯加州	1～9.4			8	16	X
特拉华州	8.7	1.2～9.7(F)	此五州没有一般销售税	11	14	
蒙大拿州	6.75[m]	2～11(F)		15	16	X
新罕布什尔州	8.25	5[d]		14	17	X
俄勒冈州	7.5	4～10(F)		11	27	X

注：X 表示州征收物业税。

F 允许联邦所得税作为扣除项。

a 地方税是附加的。

b 根据现行法律未来减税已安排。

c 可能需要其他的计算方法。

d 在康涅狄格州、新罕布什尔州和田纳西州，税收仅适用于无形资产的收入，并根据类型适用不同的税率。

e 根据现行法律未来增税已安排。

f 税收是调整后总收入的3%。一个附加的净收入税按4%征收。

g 对超过25 000美元的应税收入征收 2.5% 的附加税。

h 限制减免。

i 按批发价值的百分比征收税收。

j 实施 14% 的附加税。

k 无形资产的收入按 10% 征税,其他收入按 5% 征税,1986 年额外征收 3.75% 的税收。

l 净资产附加税是企业特许经营税的一部分。

m 合格纳税人可以选择以不同税率缴纳替代税。

n 可选税为纳税人经调整的联邦所得税负债的 105%。

资料来源:Compiled by Tax Foundation from data reported by Commerce Clearing House.

5.4 州竞争力和联邦税制改革

表面上,1986 年是 20 世纪 80 年代中州税收政策最不活跃的年份。在静态的收入基础上,直接的州税收政策将只有增加 6 亿美元的额外收入的影响。然而,对于州和地方立法行动的关注会大大低估对于 1987 财政年度税率表的变化。联邦所得税改革将对州和地方税收产生重大影响,因为很多州的收入和其他税收与联邦所得税有关联。

8 个州——马萨诸塞州、伊利诺伊州、印第安纳州、密歇根州、俄亥俄州、威斯康星州、北达科他州和亚利桑那州,使用联邦调整总收入作为计算应税收入的起点。这些州的税基宽泛以及允许取消的扣税收抵免很少。因此,这些州的税率随着联邦税制改革的实施变化不大。个人某种程度上从联邦税收中列出并扣除州和地方税收,联邦个人所得税税率下降 6.1% 将提高实际有效税率。[①]

17 个州——缅因州、特拉华州、马里兰州、纽约州、爱荷华州、堪萨斯州、明尼苏达州、密苏里州、佐治亚州、肯塔基州、路易斯安那州、弗吉尼亚州、西弗吉尼亚州、新墨西哥州、科罗拉多州、蒙大拿州和加利福尼亚州——还有哥伦比亚特区,使用调整的总收入数据加部分或所有联邦列出的扣除项计算应税收入。这些州将受益于除联邦个人所得税税率下降 6.1% 以外的联邦个人所得税税基放宽。由于那些列出的项目,州和地方税务责任将会加重。

9 个州——阿拉斯加州、佛罗里达州、内华达州、新罕布什尔州、南达科他州、田纳西州、得克萨斯州、华盛顿州和怀俄明州,没有广泛的个人所得税并将

---

① Steven Gold, "Issues Raised for States by Federal Tax Reform", The Fiscal Letter, National Conference of State Legislatures(September/October 1986).

不会受税率变化的直接影响。同样没有所得税的康涅狄格州将受联邦税制变化的影响，因为它对资本利得征税。

4个州——内布拉斯加州、北达科他州、罗得岛州和佛蒙特州，所得税是根据纳税人的联邦所得税负债的一定百分比计算得出。对于这些州，实际有效税率将与联邦个人所得税的6%的下降相匹配。

5.5 税收改革影响收入的各州的反应

其他各州的有效税率将取决于它们的所得税与联邦所得税之间的关系相应变化。在一些州，将州税与联邦税码相结合是违反宪法的。非自动结合是通过将特定日期的州税务代码与联邦税务代码连接起来完成的。例如，加利福尼亚州与联邦税码的连接日期是1984年1月1日。在这项安排下，当联邦政府改变税务代码的一项组成部分时，这项变化不会自动扩展到加利福尼亚州。相反，州立法机关必须采取行动接受改变。联邦所得税改革也将通过废除投资税收抵免对州和地方财政产生影响。①

联邦和州政府行动的确切影响是很难估计的。首先，各州没有许多被削减优惠项目的数据，因此他们不能精确判定取消这些优惠项目对收入产生的影响。其次，州政府对联邦立法的反应难以预测。一些州可能想通过改变州税率抵消和提高联邦税收改革的影响。例如，詹姆士·布朗查尔州长建议密歇根州的所得税税率应该降低到足以抵消任何潜在收入增长的水平。俄亥俄州的理查德·西莱斯特州长和纽约州的马里奥·科莫州长提议，任何可能由于联邦税收改革带来的税收收入增长应被返回给纳税人。② 在威斯康星州，汤米·汤普森州长发誓要降低5%州所得税税率。③ 因此，不可能评估他们的行动对他们各自州竞争力的影响。相比之下，所有其他情况相同，密歇根州明确要求减少

---

① 联邦税法修正将减少折旧津贴。在静态基础上，这将提高额外的税收收入。然而，企业所得税相对于个人所得税的30%占比而言只占州收入的8%。关于联邦税收改革对州和地方税收的不同估计，参见 "Federal Tax Law Sparks Debate Over Use of Windfalls by States"和 "States' Strategies to Deal with Federal Tax Reform", *Investor's Daily*(January 5, 1987); "Taxes in 33 States to Rise Unless Adjusted for National Reform-Study", *Investor's Daily*(December 15, 1986); "The States' Tax Hikes", *The Wall Street Journal*(December 11, 1986), p. 32.

② "Presentation to the Governors on the Effect of Federal Tax Reform on State Taxes", National Association of State Budget Officers(August 25, 1986).

③ George Russell, "And Now, Son of Tax Reform", *Time*(January 12, 1987).

税率的提议,这将明确地提高密歇根州相对美国其他州的竞争地位。对联邦税制改革和州地方已经制定的 1987 财政年度的税率综合影响的估计在表 5.4 中报告。估计假设其他州和地方政府没有额外反应。[①]

17 个州——阿肯色州、佛罗里达州、爱达荷州、伊利诺伊州、印第安纳州、爱荷华州、堪萨斯州、肯塔基州、路易斯安那州、缅因州、马萨诸塞州、蒙大拿州、新墨西哥州、北卡罗来纳州、俄克拉荷马州、犹他州和西弗吉尼亚州——正在考虑花费这笔预期内的意外之财。相比之下,12 个州正在考虑改变税率抵消预期州税收收入的变化。

5 个州——康涅狄格州、特拉华州、密歇根州、纽约州和俄亥俄州——降低税率正被明确考虑中。如果实施,这些税率降低将进一步改善这些州的竞争地位。亚利桑那州、夏威夷州和弗吉尼亚州计划返还收入给纳税人。因为没有明确的方案正在讨论,不能判定对州竞争力的影响。明尼苏达州提出用意外获得的收入改革它的复杂的物业税结构。不过,对税率的影响尚不清楚。

表 5.4 对联邦税制改革和州地方已经制定的 1987 财政年度的税率综合影响的估计

	前 25 大州			后 25 大州	
州	州税率上升*	州税收相对于美国平均值上升**	州	州税率上升*	州税收相对于美国平均值上升**
密歇根州	−4.42	−5.035	华盛顿州	0.7	0.085
俄亥俄州	−3	−3.615	威斯康星州	0.714	0.099
特拉华州	−2.68	−3.295	印第安纳州	0.77	0.155
纽约州	−2.65	−3.265	马里兰州	0.84	0.225
康涅狄格州	−1.74	−2.355	俄克拉荷马州	1.2	0.585
宾夕法尼亚州	−1	−1.615	西弗吉尼亚州	1.77	1.155
南卡罗来纳州	−0.6	−1.215	弗吉尼亚州	1.8	1.185
亚拉巴马州	0	−0.615	内布拉斯加州	1.84	1.225
阿拉斯加州	0	−0.615	北卡罗来纳州	2.7	2.085
加利福尼亚州	0	−0.615	犹他州	2.84	2.225
乔治亚州	0	−0.615	缅因州	3.0	2.385

---

① 该估计不考虑逐渐采取税率变化。预估州税率的变化中假设已完全发生联邦税率的削减。该估计也没有明确地解释联邦企业税率的下调对州企业所得税收入的影响。

续表

前 25 大州			后 25 大州		
州	州税率上升*	州税收相对于美国平均值上升**	州	州税率上升*	州税收相对于美国平均值上升**
内华达州	0	−0.615	亚利桑那州	3.1	2.485
新罕布什尔州	0	−0.615	田纳西州	3.1	2.485
北达科他州	0	−0.615	蒙大拿州	3.46	2.845
罗得岛州	0	−0.615	密苏里州	4.1	3.485
南达科他州	0	−0.615	爱荷华州	4.56	3.945
得克萨斯州	0	−0.615	肯塔基州	5.34	4.725
佛蒙特州	0	−0.615	俄勒冈州	5.42	4.805
怀俄明州	0	−0.615	路易斯安那州	6.84	6.225
新泽西州	0.378	−0.237	夏威夷州	7.78	7.165
伊利诺伊州	0.58	−0.035	爱达荷州	8.78	8.165
马萨诸塞州	0.6	−0.015	明尼苏达州	9.7	9.085
密西西比州	0.63	0.015	科罗拉多州	10.18	9.565
阿肯色州	0.7	0.085	新墨西哥州	10.66	10.045
佛罗里达州	0.7	0.085	堪萨斯州	12.01	11.395

* 1987 财政年度税收增加与 1985 年州和地方税收收入的百分比。

** 1987 财政年度美国平均税收增加 0.615%。

3 个州——内布拉斯加州、罗得岛州和佛蒙特州，提出增加州税收从而抵消由于联邦税收改革造成的预期收入损失。如果付诸实施，将取消任何联邦税收改革导致的竞争力增加。4 个州——科罗拉多州、马里兰州、密苏里州和俄勒冈州，计划花费一些税收收入的预期收益。如果一些收入以降低税率的形式返还给纳税人，这些州的竞争地位也许会改善。

5.6　1987 财政年度的竞争环境

州竞争环境的改变可以通过每个州税收负担相对于所有州平均水平的变化预测。相对税收负担变化的估计在表 5.4 中报告。

获得竞争力的州。可以预期，相对税收负担预期在 1987 年（1987 财政年度)下降的州将获得相对经济效益的增长。1987财政年度法定税率变化的检验(见表5.4)指出,密歇根州、俄亥俄州、特拉华州、纽约州、康涅狄格州、宾夕法尼亚州和南卡罗来纳州是最有可能在1987财政年度获得竞争力的州。

失去竞争力的州。一般来说,每一个提高税收负担显著大于国家平均水平的州将更难以留住现有工厂,并越来越难以吸引新的商业。最近对于1987财政年度税收立法的改变(见表5.4)表明,堪萨斯州、新墨西哥州、科罗拉多州、爱达荷州、路易斯安那州、俄勒冈州、肯塔基州、爱荷华州和密苏里州是最有可能失去竞争力的州。虽然明尼苏达州和夏威夷州位列于最增加税收负担的州,他们会采取行动阻止税收负担的上升。夏威夷州正在考虑返还联邦税收改革带来的预期意外收入。明尼苏达州正在计划改革复杂的物业税结构。如果正确实施,这些州的竞争地位将得到改善。

5.7 投资意义

对流动要素征收的税将被转嫁到位于州内的非流动要素上。州税收负担将由非流动要素承担。假设一个位于高税率州的公司生产一种产品销往全国市场,任何将税收增加转嫁到高度流动的工人的企图将导致这些工人迁移至其他州。相似地,任何想要对消费者涨价的企图将导致公司销售下滑和失去市场份额。因此,州税率的提高将完全由公司的股东承担。

州和地方税收的变化可以用来实现一个投资组合策略。这个投资组合策略需要确定州税收政策的变化和不能向前或向后转嫁州税收的生产者。可能的候选人包括所有生产工厂位于一个州的小公司,同时生产相似产品的竞争对手的生产工厂位于其他州或其他国家。虽然州的竞争环境会改变其境内公司的盈利能力,投资者也必须考虑不同行业的前景。宏观经济环境是一个重要元素。对经济环境的精确鉴别可能会让投资者选择到表现优越的行业。

两个不同投资策略的组合应该在实现高于平均的市场收益时互相加强。宏观环境允许投资者选择成功的行业。州竞争力环境允许投资者在成功的行业中选择成功的公司。这些公司位于相对全国平均税收负担预期下降的州。

第 6 章

The Fat CATS 投资组合策略

维克托·A. 坎托、阿瑟·B. 拉弗

"Fat CATS"是"CAT'S Meow"方法投资组合选择的精炼。Fat CATS 策略结合了 A. B. Laffer Associate 提供的投资建议和机械交易规则做出以下基本的投资组合决策：
- 完全投资于股票或国债；
- 如果投资于股票，选择 High-CATS 或 Low-CATS 行业。

Fat CATS 策略得到的假设表现结果是最振奋人心的。Fat CATS 策略在 1965～1986 年的 22 年中有 20 年表现超过了标准普尔 500，并且在此期间 Fat CATS 策略的平均年回报率为 15.46%。在 1965 年 1 月，根据 Fat CATS 策略投资的 1 美元会在 1986 年 12 月增长至 28.06 美元。在同一时期，投资于标准普尔 500 的 1 美元只能增长至 2.9 美元。

一般来说，宏观经济的冲击影响股票的前景，它们也使不同行业的股票产生显著的差异。例如，个人所得税的全面下调将对整体经济有利，一些行业可能比另一些受益更多。同样地，当石油价格的突然上涨对经济不利，一些行业将比另一些行业受损更少，甚至有一些获益。

"The CAT'S Meow: A Portfolio Strategy for the Modified Flat Tax"概述

了一种预测在各种宏观经济冲击后股票市场相对表现的技术。[①] CATS 方法根据行业"资本税的敏感性"（或 CATS）和"弹性"分类。根据 CATS 和弹性识别潜在的受益者和受损者。原始的"CAT'S Meow"投资组合策略涉及根据宏观经济的冲击在 High-CATS 和 Low-CATS 行业之间转换。这个策略可以通过采取我们的建议做出以下基本的投资组合决策加以提炼：(1)完全投资于股票或国库券；(2)如果投资于股票，是 High-CATS 还是 Low-CATS 的行业。我们称这个新提炼的投资组合策略为"Fat CATS"。

Fat CATS 策略得到的假设表现结果是最振奋人心的。Fat CATS 策略在 1965~1986 年的 22 年中有 20 年表现超过了标准普尔 500，并且在此期间 Fat CATS 策略的平均年回报率为 15.46%（见图 6.1）。在 1965 年 1 月，根据 Fat CATS 策略投资的 1 美元会在 1986 年 12 月增长至 28.06 美元。在同一时期，投资于标准普尔 500 的 1 美元只能增长至 2.9 美元。

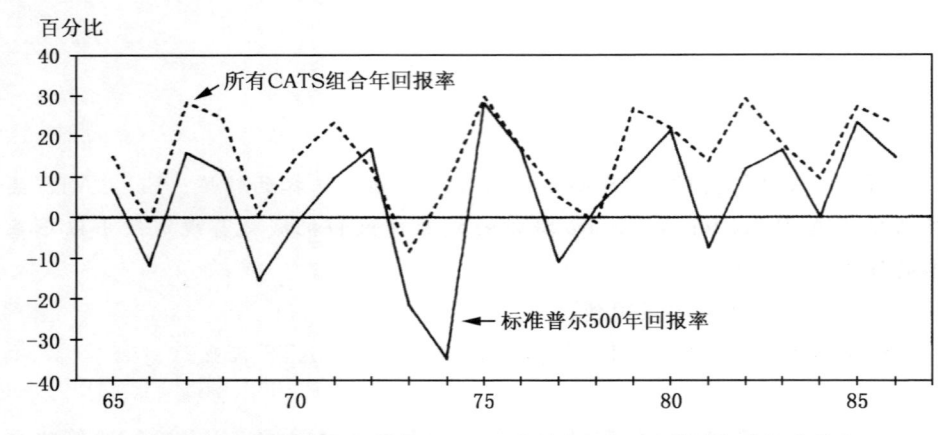

图 6.1　1965~1986 年应用至所有 CATS 组合的 Fat CATS 策略相比标准普尔 500

Fat CATS 策略的表现结果有两个重要的投资意义：

● 使用机械规则发生在 High-CATS 与 Low-CATS 之间转换的基础 CATS Meow 方法的应用将改善业绩。

● 采取专家的投资建议等待在 High-CATS 与 Low-CATS 之间和在股票与国库券之间转换的时机甚至可以实现更大的收益。

---

① Victor A. Canto, "The CAT'S Meow: A Portfolio Strategy for the Modified Flat Tax", *Financial Analysts Journal*, Vol.42, No.1, January/February 1986, pp. 35－48.

6.1 组合选择中 CATS 方法应用的回顾

The CAT'S Meow 源自对修改统一税的投资意义的研究。[1] 对里根总统税收改革方案的分析发现，所得税的一般性降低有利于经济和股票市场。

不同行业对税率变化的敏感性不同。当税率变化时，低资本税敏感性（Low-CATS）行业的股票的市场表现比高资本税敏感性（High-CATS）行业的股票的市场表现反应更小。鉴于新的税收结构将降低经济中的税率，新的税收制度将导致 High-CATS 行业的股票表现超过 Low-CATS 行业的股票和整体市场。

Low-CATS 行业和 High-CATS 行业表现的差异随着行业"弹性"而变化。最大的表现差异将从无弹性的 Low-CATS 与 High-CATS 行业之间观察到。无弹性行业起初按需求变化调整产品价格而产出水平几乎保持不变。因此，无弹性行业的利润对短期需求的变化非常敏感。结果是，由于需求变化而产生的 Low-CATS 无弹性行业和 High-CATS 无弹性行业股票市场表现的差异将会加强。

弹性行业的表现差异将更缓和。弹性行业根据需求变化快速调整产出并保持产品价格几乎不变。因此，弹性行业的利润不会随着需求的改变大幅变化，Low-CATS 弹性行业和 High-CATS 弹性行业股票市场表现之间的差异，虽然仍然是明显的，但依然没有 Low-CATS 无弹性行业和 High-CATS 无弹性行业股票市场表现的差异那么显著。

CATS 框架可以用来决定除了明确的税率变化以外其他类型宏观经济冲击的投资意义。例如，石油价格的突然变化或贸易限制的颁布对资本和劳动力回报产生不同的作用。通过资本税敏感性（CATS）和弹性的差别，可以预测股票市场的受益者和受损者。根据 CATS 和弹性分类的行业参见表 6.1。[2]

---

[1] Ibid.

[2] 关于分类技术的讨论在以下文章中提出：David A. Archibald and Victor A. Canto, "The CAT'S Meow and the Stock Market", A.B. Laffer Associates (November 14, 1985).

表 6.1 标准普尔行业组别按资本税敏感性的分类

SIC	标准普尔 500 行业组别	SIC	标准普尔 500 行业组别
	高资本敏感性无弹性行业	283	药物
372	航空航天	491	电力
452	航空运输	20	食品
451	民航	53	百货连锁
3714U	汽车配件	384	医院用品
3713	载重汽车及配件	63M	保险/多险种
371	汽车	633	保险/财产/意外伤害
371E	汽车(除通用汽车)	63	保险/人寿
62	经纪公司	614	个人贷款公司
343	建筑材料	53S	零售/特色
324	水泥	612	储蓄 & 贷款协会
28	化学品	284	肥皂
366	通信设备	2086	软饮料
357	计算机 & 商业	21	烟草
357E	计算机(除 IBM)		**低资本敏感性无弹性行业**
737	计算机服务	3523	农业机械
531	百货商店	3334	铝
DISC	折扣商店	2083	饮料酒
36	电气设备	67C	封闭式投资
36M	电气 & 电子	353	建筑机械
381	电子器件/仪表	265	容器(纸)
3674	电子器件/半导体	24	木材
78	娱乐	3541	机床
GAM	博彩公司	355	机械/工业/特种
342	硬件	26	纸
251	家居装饰	40	铁路
15	住宅建筑	374	铁路设备
8062	医院管理		**低资本敏感性弹性行业**
701	酒店	600	银行(纽约市以外)
363	房屋装修/器具	67B	债券基金

续表

SIC	标准普尔 500 行业组别	SIC	标准普尔 500 行业组别
3949	休闲	12	煤炭（烟煤）
353	机械	102	铜
3411	金属 & 玻璃容器	13	原油生产者
2451	移动房屋	291	国内综合油
271	报刊	287	化肥
3822	污染控制	10	黄金开采
27	出版	33	金属（其他）
483	无线电/电视广播公司	492	天然气分销
58	餐厅	492N	天然气
54	零售食品连锁	492P	天然气管道
314	鞋	60	纽约市银行
22	纺织品	DRILL	海上钻井
23	纺织品/服装	13C	石油/加拿大
301	轮胎 & 橡胶制品	131	石油/国际综合
3942	玩具制造商	138	油井设备 & 服务
42	卡车运输	65	不动产投资信托
高资本敏感性弹性行业		331	钢铁
2082	饮料—啤酒	2061	精制糖
2844	化妆品	481	电话公司
591	药店	481E	电话公司（除 ITT）

6.2 为什么 CATS 方法可以战胜市场

　　CATS 方法有效，因为它准确预见股票市场对宏观环境变动的反应。早期的 CATS 研究显示股票市场对宏观经济冲击的调整缓慢。缓慢的市场反应是由于逐渐接受关于这种冲击后果的信息。实际的经济成本是由企业调整到一个新的平衡产生的。关于这些成本对企业盈利能力影响的完整信息是不能马上知道的。由于对宏观经济冲击的经济意义进行分析，信息将逐渐显露，股价将相应修正。

　　股价对宏观经济冲击的逐渐调整，意味着基于资本税收敏感性（CATS）的投资组合策略将获得超过市场回报率的收益。此外,一旦转换至 High-CATS 或 Low-CATS 行业中,它通常会将头寸维持较长的一段时间。罕见的投资组合转移使 CATS 方法的交易成本保持在相对低的水平上。

6.3　CATS 转换信号

Low-CATS 和 High-CATS 行业组的相对表现可以显示何时做出在 Low-CATS 股票和 High-CATS 股票之间转换。当连续 2 个月观察到以下关系时,是从 Low-CATS 行业转换至 High-CATS 行业(即 High-CATS 市场)的信号:

(1) High-CATS 弹性组合表现优于 Low-CATS 弹性组合。
(2) High-CATS 无弹性组合表现优于 Low-CATS 无弹性组合。
(3) 所有 High-CATS 组合表现优于所有 Low-CATS 组合。

当连续 2 个月观察到以上(1)~(3)的关系逆转时,显示应从 High-CATS 行业转换至 Low-CATS(即 Low-CATS 市场)。

有时,投资于 High-CATS 或 Low-CATS 股票都不能获利。例如,个人和企业所得税税率的上升将减缓经济增长和压低股票价格。基于股市前景不佳,最好是不要投资于股票而全部投资于货币市场工具,诸如国库券。

比较国库券的月收益和 Low-CATS 及 High-CATS 行业组的回报,可以提供在国库券与股票之间切换的信号。当以下关系(4)~(6)连续成立 3 个月时,显示应从股票转换至国库券(即货币市场):

(4) 国库券的回报超过弹性 CATS 组合;
(5) 国库券的回报超过无弹性 CATS 组合;
(6) 国库券的回报超过所有 CATS 组合的回报。

当关系(4)~(6)连续逆转 3 个月时,是从国库券切换至股票的信号。当国库券至股票的转换完成,Low-CATS 与 High-CATS 之间的选择由关系(1)~(3)决定。

6.4　投资建议提高业绩:The Fat CATS 策略

使用"机械"CATS 转换信号可以提高投资业绩。[①] 然而,这些机械信号浪费宝贵的时间。在关系(1)~(3)成立的条件下,在 Low-CATS 与 High-CATS

---

① 交易规则表现结果的证据在附录中呈现。

之间的转换须等待 2 个月。在关系(4)～(6)成立的条件下,在股票与国库券之间的转换须等待 3 个月。等待机械的 CAT'S Meow 转换信号可能错过大部分主要的市场变动。

The Fat CATS 策略——由能预见主要股票市场变动和行业回报差异的投资建议加强的 CATS 方法——将提高相对于机械规则的业绩表现。基于历史证据,我们预测税率的提高或保护主义措施的颁布将减缓经济增长和抑制股票市场。① 在这些情况下,我们建议投资者从股票中撤出,转移至国库券。

相反地,如果税率降低或着手自由贸易措施,我们预测一个强劲的经济和不断上涨的股票价格。我们给投资者的建议是完全投资于股票市场。当建议股票投资时,必须在 High-CATS 与 Low-CATS 股票之间做出选择。必须评估每一项宏观经济扰动,从而确定它的影响。例如,如果制定税率削减,我们预测 High-CATS 股票将优于 Low-CATS 股票和市场。

为了减少错误预测和过早组合调整的几率,我们等到金融市场验证我们建议的转换。我们依赖于关系(1)～(3)确定建议的 Low-CATS 和 High-CATS 行业之间的转换,但是信号所需时间缩短至仅仅 1 个月。相似地,我们使用关系(4)～(6)来确定建议的在股票与国库券之间的切换,但是只需 1 个月确认。例如,因为普遍的税率下降,我们建议把国库券转换成股票。这一建议可以通过关系(4)～(6)在建议提出后 1 个月逆转得到证实。

投资组合在 High-CATS 和 Low-CATS 股票之间、一般股票和国库券之间转换被称为"转折点"。1965～1986 年,出现了 17 个 Fat CATS 转折点(见表 6.2)。② 这些转折点中的 13 个与税率变动或贸易限制有关联。这些情况下我们的建议是使投资组合转换的时间相对于使用机械 CATS 信号提前。例如,我们本来预计到里根税率削减在 1983 年 1 月生效,推荐在 1982 年间全部投资于 High-CATS 股票。这个建议被 1982 年 10 月的金融市场证实。完全依赖于机械转换信号会延迟完全投入 High-CATS 股票,直到 1982 年 12 月。

在其他 4 个转折点,没有可识别的税率或贸易政策变化发生。组合转换完

---

① Canto,"The CAT'S Meow",and Victor A. Canto, J. Kimball Dietrich, Adish Jain, and Vishwa Mudaliar,"Protectionism and the Stock Market: The Determinants and Consequences of Trade Restrictions on the U.S. Economy",*Financial Analysts Journal*,Vol.42,No.5,September/October 1986,pp. 32—42.

② 贸易限制的数据取自以下文献:Canto, Dietrich, Jain, and Mudaliar,"Protectionism and the Stock Market".美国税率立法的数据取自以下文献:Joseph A. Pechman,*Federal Tax Policy*, Fourth Edition, Brookings Institution (1983).

全由机械 CATS 规则触发。机械规则提供了保险防止错失于由宏观经济冲击而不是税率或贸易政策变动引发的市场变动。

表 6.2　　　　　　　　1965～1986 年 Fat CATS 转折点

转折点	事件	建议
1965 年	肯尼迪下调税率	High-CATS
1966 年	仅机械信号	国库券
1967 年	仅机械信号	Low-CATS
1969 年	越南附加费，尼克松政府提交议案限制纺织品贸易。对进口钢铁实施自愿限制协议	国库券
1970 年	越南附加费	Low-CATS
1971 年	伯克—哈特克法案引入参议院。尼克松总统要求关闭黄金窗口并提议全面提高关税 10%	国库券
1972 年	仅机械信号	Low-CATS
1973 年	欧佩克石油禁运	国库券
1975 年	企业所得税的扩展	High-CATS
1976 年	石油冲击，通货膨胀造成的税级攀升	Low-CATS
1980 年	TEFRA	High-CATS
1981 年	ERTA	国库券
1982 年	TEFRA in place	High-CATS
1984 年	仅机械信号	国库券
1985 年	石油价格下跌	High-CATS
1986 年	税收改革阶段	国库券

6.5　The Fat CATS 策略的表现结果

在 1965 年 1 月投资于标准普尔 500 的 1 美元可以在 1986 年 12 月增长到 2.9 美元。根据 Fat CATS 策略，不区别弹性差异投资的 1 美元可以在同时期增长到 28.06 美元。[①] 区分弹性，在 Fat CATS 管理下，在 High-CATS 弹性和 low-CATS 弹性组合之间转换的 1 美元可以升值到 15.91 美元。在 Fat CATS

---

① 回报率的计算使用标准普尔行业股票指数的月度平均值。计算中不包括股息支付。

策略下,在 High-CATS 无弹性和 Low-CATS 无弹性组合之间转换投资的 1 美元可以升值到 34.96 美元。

The Fat CATS 策略会导致比标准普尔更高的回报率(见表 6.3)。不考虑弹性差异而应用 Fat CATS 策略的平均年回报率为 15.46%。这比标准普尔 500 的年平均回报率高 10.58%。

表 6.3　　1965～1986 年投资建议下 Fat CATS 组合策略的平均年回报率

	平均年回报率	t*
有弹性 CATS	12.80%	2.27
无弹性 CATS	15.40	2.99
所有 CATS	14.48	3.08
标准普尔 500 指数	4.88	

* 原假设是 Fat CATS 平均年回报等于标准普尔 500 平均年回报。

区分弹性会导致更大的表现差异。应用 the Fat CATS 策略到弹性组合,会产生平均每年回报率超过市场 7.92%。应用 the Fat CATS 策略到无弹性组合,会产生以平均每年 10.52% 回报率超过标准普尔 500。The Fat CATS 策略和原始回报率数据被用以检验的标准普尔 500 的差异在研究风险调整后超额回报的时候也是显而易见的。[1]

The Fat CATS 策略在 1965～1986 年的 22 年里有 20 年表现超过了市场(见图 6.1、图 6.2 和图 6.3)。如果 the Fat CATS 组合回报与市场不是系统性不同的,那么在任何一年中有 50% 的机会 Fat CATS 策略将战胜市场。22 年内有 20 年组合策略表现超过市场的概率小于万分之一。[2]

6.6　投资意义

我们对 1988 年及以后的经济展望是极度看好的。修正的统一税率的实施将推动股票市场的强劲表现。

---

[1] Fat CATS 策略的平均年风险调整超额回报率在附录中报告。使用市场模型计算风险调整超额回报率。

[2] 此概率由二项分布计算得出。

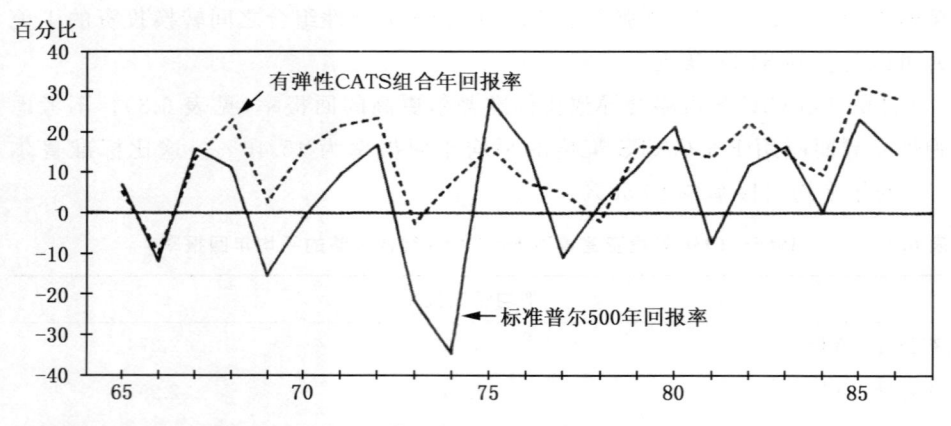

图 6.2　1965～1986 年 Fat CATS 策略应用到有弹性的 CATS 组合对比标准普尔 500

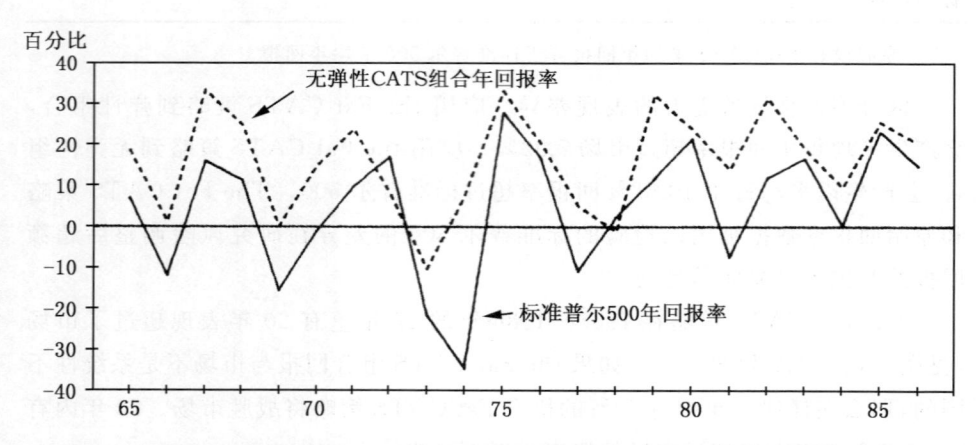

图 6.3　1965～1986 年 Fat CATS 策略应用到无弹性的 CATS 组合对比标准普尔 500

由于欧佩克（OPEC）垄断力量的减弱造成的能源价格下跌与降低税率相似。[①] 采取税收中性的修正的统一税率也将降低税率。因此，1988 年将是经济整体税率下降的一年，并且股票市场将特别强劲——High-CATS 行业表现将超越国库券和股票市场指数。

---

①　Victor A. Canto and Charles W. Kadlec，"The Shape of Energy Markets to Come"，A.B. Laffer Associates (October 4, 1985).

附录

Fat CATS 策略的划分

Fat CATS 策略可以分解成三个组成部分：

1. 决定从 High-CATS 转换至 Low-CATS 组合（反之亦然）的机械交易规则的效应。在 1965～1986 年，这个交易规则发出了 8 个在 High-CATS 与 Low-CATS 组合之间转换的信号（见表 6.4）。

表 6.4　　　　High-CATS 和 Low-CATS 组合之间选择的
切换信号，1965 年 1 月～1986 年 12 月

时间	投资组合
1965-02～1969-01*	High-CATS
1969-02～1970-10	Low-CATS
1970-11～1973-04	High-CATS
1973-05～1975-02	Low-CATS
1975-03～1979-03	High-CATS
1979-04～1981-01	Low-CATS
1980-02～1986-07	High-CATS
1986-08～1986-12	Low-CATS

*0.01＝一月；0.02＝二月，等。

2. 决定在股票和国库券之间转换的机械交易规则的效应。在 1965～1986 年，这个交易规则发出了 14 个股票与国库券之间转换的信号（见表 6.5）。

表 6.5　　　股票和国库券之间选择的切换信号，1965 年 1 月～1986 年 12 月

时间	投资市场
1965-02～1966-10	股票市场
1966-11～1967-03	国库券市场
1967-04～1969-01	股票市场
1969-02～1970-09	国库券市场
1970-10～1973-03	股票市场

续表

时间	投资市场
1973-04～1975-01	国库券市场
1975-02～1976-06	股票市场
1976-07～1978-06	国库券市场
1978-07～1980-12	股票市场
1981-01～1982-09	国库券市场
1982-10-1983-11	股票市场
1983-12～1984-12	国库券市场
1985-01～1986-07	股票市场
1986-08～1986-12	国库券市场

3. 提前机械交易规则2个月的投资建议的效应。

累积回报

在1965年1月投资于标准普尔500的1美元直到1986年12月才增长到了2.9美元。当使用交易规则在High-CATS与Low-CATS组合之间转换并且忽略弹性的差异时,1美元能增长至7.31美元(见表6.6,列1)。当使用交易规则在High-CATS弹性与Low-CATS弹性组合之间转换时,1美元能增长至5.88美元。最后,应用交易规则在High-CATS无弹性与Low-CATS无弹性组合之间转换,1美元可以增长至8.31美元。

表6.6　　　　　1美元投资在1965年1月～1986年12月的增长　　　　　单位:美元

	在High-CATS和Low-CATS之间选择的交易规则	在High-CATS、Low-CATS和国库券之间选择的交易规则	增加投资建议的交易规则
不区分弹性	7.31	12.96	28.06
有弹性	5.88	9.52	15.91
无弹性	8.34	14.57	34.96
标准普尔500	2.90		

通过加入决定何时投资于股票或国库券的信号修改之前的交易规则,会产生相似的结果。在1965年1月投资的1美元不考虑组合的弹性,到1986年12月增长到了12.96美元(见表6.6,列2)。相似地,1美元投资在High-CATS弹

性组合、Low-CATS 弹性组合与国库券之间选择,直到 1986 年 12 月才会增长至 9.52 美元。最后,1 美元投资在 High-CATS 无弹性组合、Low-CATS 无弹性组合与国库券之间选择,会增长至 14.57 美元。

通过增加投资建议、增强交易规则,将显著提高累积回报。在 1965 年 1 月按照我们的投资建议投资的 1 美元如果不考虑组合的弹性,可以在 1986 年 12 月增长至 28.06 美元(见表 6.6,列 3)。当投资建议应用至弹性组合时,将导致 1 美元投资增长至 15.91 美元。当投资建议应用至无弹性组合的,1 美元投资会增长至 34.96 美元。

平均年回报

在 High-CATS 和 Low-CATS 组合之间选择的交易规则产生高于标准普尔 500 的平均年回报(见表 6.7,列 1)。然而,这些平均年回报没有统计上显著不同于标准普尔 500 的平均年回报。

表 6.7　　　　　　　　　1965～1986 年平均年回报率*

	在 High-CATS 和 Low-CATS 之间选择的交易规则	在 High-CATS、Low-CATS 和国库券之间选择的交易规则	增加投资建议的交易规则
不区分弹性	9.66% (1.11)	11.84% (1.96)	15.46% (2.99)
有弹性	8.36 (.87)	10.41 (1.67)	12.80 (2.27)
无弹性	10.27 (1.21)	12.39 (1.97)	16.48 (3.10)

* t 统计量在圆括号内。原假设为交易规则的平均年回报率等于标准普尔 500 的平均年回报率。

在 High-CATS 组合、Low-CATS 组合和国库券之间选择的交易规则产生相似的平均年回报(见表 6.7,列 2)。然而,应用第二种规则的回报的波动性显著下降。原因在于有时这种规则导致持有"低风险"的国库券。波动性的降低导致该交易规则下的平均年回报显著高于标准普尔 500 平均年回报。

The Fat CATS 策略产生的平均年回报率统计上优于标准普尔 500 的平均年回报率(见表 6.7,列 3)。对于所有的 CATS 组合(忽略弹性差异),平均回报率是每年 15.46%。对于弹性 CATS 组合,平均年回报率跌至 12.8%。对于非弹性 CATS 组合,平均回报率是每年 16.48%。

风险调整年回报

近年来,资金管理和现代投资组合理论建议的组合评估技术受到严格的审查和批评。[1] 如果系统性风险很重要,那么测试 CATS 组合策略的正确方法是根据风险差异调整组合回报。表 6.8 中,报告的回归中残差数值可以解释为 CATS 组合风险调整后超额回报的估计。

表 6.8　　　　　1965 年 1 月~1986 年 6 月市场模型参数估计*

因变量	常数	标准普尔 500 月回报率	R^2	SE	D-W	F
High-CATS 有弹性组合	.007 (.676)	1.29 (44.3)	.869	.017	1.42	17.06
High-CATS 无弹组合	.005 (.427)	1.37 (37.76)	.847	.010	1.38	14.26
所有 High-CATS 组合	.0012 (.924)	1.06 (27.69)	.749	.021	1.36	7.66
Low-CATS 有弹性组合	−.0009 (.855)	1.01 (31.92)	.799	.017	1.33	10.19
Low-CATS 无弹性组合	−.0016 (1.21)	1.12 (29.16)	.768	.021	1.40	8.50
所有 Low-CATS 组合	−.0003 (.275)	.929 (23.79)	.687	.022	1.43	5.63

注:括号内为 t 统计量。

机械交易规则只有当应用到无弹性 CATS 组合时才产生统计上显著的平均年超额回报率(见表 6.9,列 1 和列 2)。对于在 High-CATS 无弹性与 Low-CATS 无弹性组合间切换,平均年超额回报率是 2.68%。对于在 High-CATS 无弹性行业、Low-CATS 无弹性行业和国库券之间切换,平均年超额回报率是 2.89%。

The Fat CATS 策略对于所有的 CATS 组合产生统计显著的超额回报(见表 6.9,列 3)。当 Fat CATS 策略应用到所有 CATS 行业且不考虑弹性差异时,得到的年平均超额回报率为 4.3%。当考虑弹性差异时,The Fat CATS 策略应用到弹性组合,可以产生 3% 的平均年超额回报率。The Fat CATS 策略应用

---

[1] Marc R. Reinganum, "Does Beta Matter? Another Look at the Capital Asset Pricing Model", A.B. Laffer Associates (November 20, 1980).

到无弹性组合的平均年超额回报率为 4.81%。

表 6.9　　　　　　　　　1965~1986 年平均年超额回报率*　　　　　　单位:%

	在 High-CATS 行业 与 Low-CATS 行业之间 转换的交易规则	在 High-CATS 行业 与 Low-CATS 行业间 和国库券之间 选择的交易规则	投资建议 增强型的交易规则
不区分弹性	2.65 (2.04)	2.80 (2.19)	4.30 (4.74)
有弹性	2.80 (1.85)	2.90 (1.93)	3.00 (2.77)
无弹性	2.68 (1.70)	2.89 (1.87)	4.81 (4.44)

注:括号内为 t 统计量,原假设是超额回报为零。

第7章

汇率变化和股票市场：
The Ps and Qs Meet the CATS

维克托·A. 坎托

关于汇率变动对美国经济和股票价格影响的不同观点出现在金融媒体上。一些分析师认为，美元的外汇价值下跌，是美国通货膨胀相对于世界其他国家上升的信号。另一些人认为，美元的下跌预示着美国竞争地位的改善，将导致贸易平衡的改善。

这两种解释存在的原因是由于未能区分名义汇率和实际汇率。名义汇率简单地衡量一种货币以另一种货币表现的价值。实际汇率衡量以其他国家生产商品为基准的一个国家内生产商品的价值。

货币扰动，如过多的国内货币创造，会引起名义汇率的变化。如果汇率变化是货币扰动的结果，那么一个国家的竞争地位将保持不变，购买力平价关系将保持。在这种情况下，汇率变化将对贸易平衡或实际经济活动没有影响。

实际干扰，诸如财政政策变化，也可以对汇率造成巨大变化。造成实际汇率变化的实际干扰，将改变国家之间的商品的流动，并影响实际经济活动的步伐。

实际汇率和股票市场、实际 GNP、进出口之间关联性的经验估计压倒性地驳斥了传统观点。实证结果显示，实际汇率的贬值与国内生产相对于外国生产者下降，以及美国股票市场相对于外国股票市场下跌有关。实际汇率变化的影响在行业间各不相同。相对于 Low-CATS 行业和国际贸易品行业，实际汇率的升值更支持 High-CATS 行业和非贸易品行业。对于那些同时被归类为 High-CATS 和非贸易品的行业相比同时归类为 Low-CATS 和贸易品的行业，表现的差异更明显。

关于汇率变化对美国经济和股票价格影响的不同观点出现在金融媒体上。

第 7 章　汇率变化和股票市场：The Ps and Qs Meet the CATS　/　095

一些分析师认为,美元的外汇价值下跌,是美国通货膨胀相对于世界其他国家上升的信号。他们指的是 20 世纪 70 年代的经验,当时贬值的美元伴随着美国加速的通货膨胀。另一群人认为,美元的下跌,预示着美国竞争地位的改善,将导致贸易平衡的改善。他们指的是从 1985 年早期到最近的经历,这段时期贬值的美元恰恰与美国通货膨胀率大幅下降同时出现。

这两种解释导致完全不同的投资策略。如果美元价值的下跌是由于通货膨胀的压力,那么对冲通胀将跑赢市场。另外,如果美元价值的下降预示着美国竞争地位的变化,这将降低美国生产的商品相对于外国商品的价格。这使美国商品在全球市场上更有吸引力,对美国商品的需求将上升。然而,在供给端,因为获得一定数量外国商品需要更多现在较便宜的美国商品,在美国生产的激励将下降。如果需求效应占主导,美元的贬值将引起扩张的经济和上升的股票市场。相反,如果供给效应占主导,美元的贬值将引起缓慢增长的经济和下跌的股票市场。因为关于美元贬值两种不同解释导致的互相矛盾的投资组合含义,能够区别汇率变动中蕴含的信号是至关重要的。

这两种解释存在的原因是未能区分名义汇率和实际汇率。名义汇率简单地衡量一种货币以另一种货币表现的价值。实际汇率衡量以其他国家生产商品为基准的一个国家内生产商品的价值。实际汇率也被称为贸易条件。①

7.1　恶意贬值、通胀率和贸易平衡

货币扰动可以引起名义汇率的变化。货币扰动的例子包括美国使美元和黄金脱钩,以及最近巴西和阿根廷的货币改革,或者以色列和许多南美国家国内货币过度创造。如果汇率变化是货币扰动的结果,那么一个国家的竞争地位将保持不变,并且购买力平价关系将保持。另外,外国商品与国内商品的相对价格将保持不变。在这样的情况下,汇率的变化是由相对通货膨胀率的变化引起的。②

考虑一个固定汇率制度。人们普遍认为货币的贬值将导致改善的贸易平衡。③

---

①　实际汇率的计算方法:首先,将外国 CPI 通过与汇率相乘换算成美元;其次,美元计价的外国 CPI 除以美国 CPI 得到实际汇率。

②　A. B. Laffer, "The Bitter Fruits of Devaluation", *The Wall Street Journal* (January 10, 1974).

③　Art Pine, "U.S. Trade Problems Begin to Ease, Spurred by Dollar's Decline", *The Wall Street Journal* (October 3, 1986), p.1; "Global Threat, Big U.S. Trade Deficit Supplants Debt Crisis as Top Economic Peril, It Could Depress the Dollar, Drive Up Interest Rates, Spark World-Wide Slump", *The Wall Street Journal* (October 20, 1986), p. 1.

虽然这种观点强烈地根植于经济文献和金融媒体，实证证据并不支持它。恶意贬值对国家的贸易条件或实际汇率没有影响。①

无法通过恶意贬值改变贸易条件和改善贸易平衡的解释是美国和其贸易伙伴的经济充分整合成单一的市场。试想在美元恶意贬值10%以后，芝加哥小麦的价格下跌至低于伦敦小麦价格的10%。在这样的价差下，贸易公司会愿意买下所有美国的小麦作物并运送至伦敦。在美国，小麦的价格会上升，并且价格差异几乎立即消失。

以上小麦的真实情况对经济中其他所有商品和服务最终都会是真实的。在小麦价格上涨10%达到世界均衡价格后，它生长的土地价值将上涨相等的数量。这样，基本商品的价格变化将渗透到整个价格水平。最终的结果是被发现的贬值影响是短期的，完全由贬值国家相对较高的通货膨胀所抵消。"一价定律"一定占主导。这种观点表明，本国商品对外国商品价格最初贬值的影响被贬值国家较高的相对通货膨胀所抵消。② 恶意贬值对贸易条件或实际汇率没有影响。

7.2 实际汇率和名义汇率

货币扰动导致不同的通货膨胀率和互相抵消的汇率变动，不排除其他因素也影响汇率。实际扰动，诸如财政政策变化或贸易条件转变，能引起汇率的剧烈变化而没有丝毫压力来抵消通货膨胀。例如，如果沙特采取行动提高石油相对美国生产商品的价格，这会改变美国和沙特阿拉伯之间的贸易条件。如果两国的货币当局致力于稳定物价的目标，假设的贸易条件变化将在不产生美国和沙特阿拉伯通货膨胀率差异变化的情况下，引起美元相对于里亚尔的贬值。③

影响经济竞争力的实际扰动将改变外国商品的相对价格。实际汇率的变动将改变国家之间商品的流动。名义汇率的变动不是预测贸易收支和经济增

---

① 参见 A. B. Laffer, "Exchange Rates and Terms of Trade and the Trade Balance", in Peter B. Clark, Dennis Logue, and Richard J. Sweeney, eds., *The Effect of Exchange Rate Adjustments*, OASIA Research, Department of Treasury (Washington, D.C.: U.S. Government Printing Office 1977), pp. 32－44. M. A. Miles, "The Effect of Devaluation on the Trade Balance and Balance of Payments: Some New Results", *Journal of Political Economy*, Vol. 87, No. 3, June 1979, pp. 600－620.

② 这是1974年拉弗做出美元贬值将结苦果的预测时使用的论点。

③ Arthur B. Laffer, "Minding Our Ps and Qs: Exchange Rates and Foreign Trade", *Economic Study*, A. B. Laffer Associates（April 14, 1986）.

第 7 章 汇率变化和股票市场：The Ps and Qs Meet the CATS / 097

长变化可靠的指引。名义汇率的变化可能是由于通货膨胀率差异的变化。来自货币扰动的汇率变化将对经济没有实际影响。预期实际经济活动的变化需要对实际汇率直接的检验。

20 世纪 70 年代的经验清楚地说明了这几点。从 1973 年至 1976 年,名义汇率升值(见图 7.1)。随后,1977 年和 1978 年,名义汇率贬值。1978 年末,名义汇率回到 1973 年水平。在 1973 年至 1978 年期间,实际汇率遵循与名义汇率相似的模式。[①] 然而,实际汇率保持在 1973 年以上的水平。在 1973 年至 1978 年期间,美国商品的价格比世界其他地区的平均商品价格多上涨了 15%。一位只专注于名义汇率的分析师会不正确地通过名义汇率回到 1973 年的值来推断名义汇率的回报,从而得出美国的竞争地位没有发生改变。

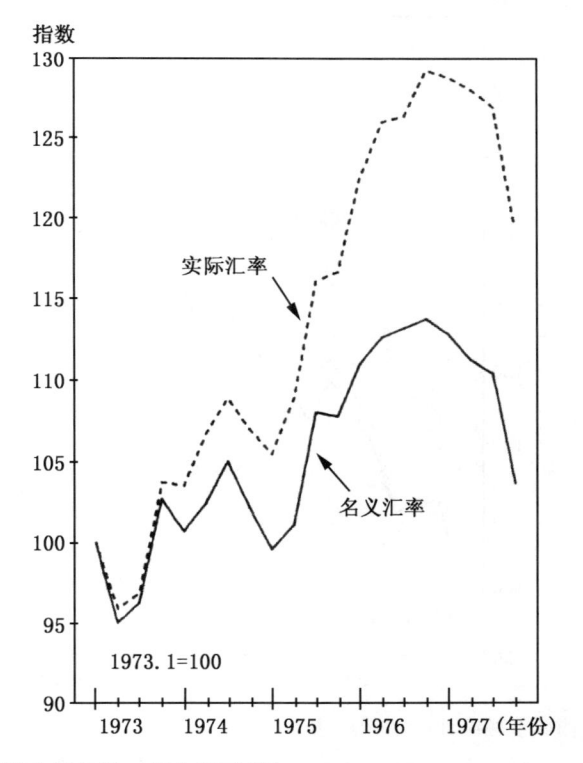

资料来源：国际金融统计；《华尔街日报》。

图 7.1 1973～1977 年美元的名义和实际汇率值

---

① 美元的外汇价值是对以下货币按收入加权平均计算的美元价值：英国、德国、日本、意大利、法国、瑞士、荷兰和加拿大。

实际汇率的波动是由于诸如石油价格冲击、税率变化或其他财政政策改变等实际扰动造成的。如果所有国家的货币当局都采用价格规则,那么本国价格水平将保持稳定,并且名义汇率的波动将仅反映贸易条件的改变。

保罗·沃尔克在任时的美国货币政策可以描述为遵循价格规则而不是数量规则。只要通货膨胀率不增长,货币总量被允许增长超出目标范围。在价格规则下,如里根下调税率这样的实际扰动将导致实际汇率的波动。在20世纪80年代,实际汇率和名义汇率在美国相对于世界其他地区的通货膨胀率没有显著变化的情况下一起变动(见图7.2)。1980年以来,美元名义汇率波动的主要来源是实际汇率的变动。

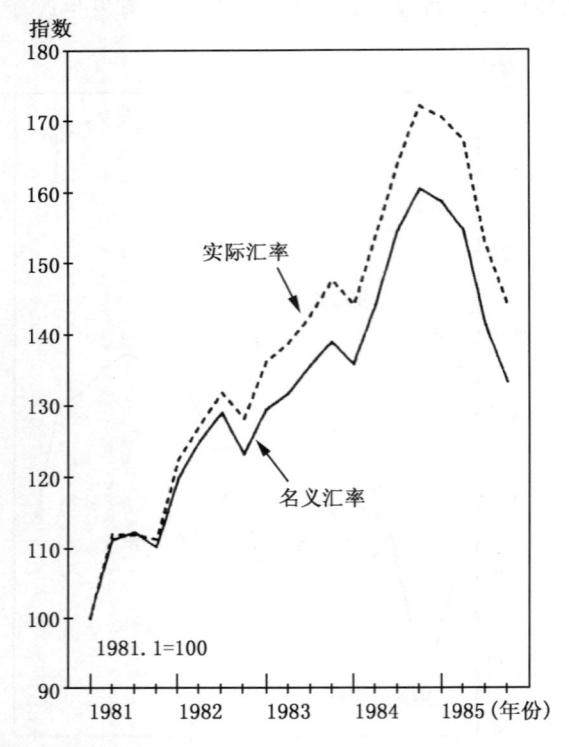

资料来源:国际金融统计《华尔街日报》。

图 7.2　1981～1985 年美元的名义和实际汇率值

7.3　实际汇率变动的影响:传统观点

货币贬值的目的是改变一个国家商品相对于另一个国家商品的价格。传统观点假设名义汇率的变化（以其他货币价格衡量的美国货币价格）将导致贸易条件或名义汇率的变化（以外国商品衡量的美国商品的价格）。它将名义汇率的波动等同于实际汇率的波动。

贬值的倡导者坚持认为名义汇率贬值提高了外国所生产商品的相对价格。进口商品价格的上涨将降低进口量。相似地，国内生产商品的相对价格对外国人而言将变得更低。这些更低的价格将增加出口量。随着更少的进口和更多的出口，贸易收支将得到改善。

贸易收支改变对国内收入总的效果被假定为贸易盈余或赤字的倍数。一定的贸易盈余被认为可以创造一系列增加的支出（贸易乘数）。收入的增加会相应地增加利润。因此，根据传统观点，贬值将导致股票市场绝对和相对世界其他地区表现的改善。

7.4 实际汇率变动的影响：综合经济的观点

在需求端，实际汇率的贬值对于外国消费者将使购买美国商品变得更有吸引力，对美国商品的外国需求将增加，出口占 GNP 的百分比将上升。实际汇率的贬值也将增加对国内生产商品的需求量。外国和本国购买者都将用国内商品替代相对更贵的外国商品。

然而，故事并没有到此结束。仅仅看到需求端的反应错过了重要的一点。实际汇率的贬值也对供给端有影响。如果一单位国内商品只能获得更少单位的外国商品，国内生产者将降低产出。贸易商品的产量下降而国内和外国的消费量增加。结果是，出口占 GNP 的百分比也将上升。同时，世界其他地区贸易商品的产出和它们的出口也将增加。

实际汇率的贬值意味着每一单位国内商品现在能获得比之前更少的国外商品。这意味着国内资产的实际回报率相对于世界其他地区的资产将下降。①较低的美国经济的实际回报率将减少美国国内相对于世界其他地区的生产活动。国内资产价值相对于世界其他地区的资产价值将下降，并且美国将经历资本流出。给定一个浮动汇率制度，国际收支平衡始终为零，贸易收支与资本账户相反。因此，资本账户的恶化将意味着贸易收支的改善。

---

① 这个命题的推导参见：V. A. Canto, "Debt Adjustment in the Dominican Republic: The Second Time Around", in Third Dominican Republic Conference on Economic Adjustment and Debt(Boston Kluwer Nijhoff, 1987).

综合经济的方法预测了实际汇率的贬值将导致国内生产的减少,较低的国内资产价值和进出口占 GNP 比重的增加。然而,由于有净资本的流出,贸易收支一定改善。因此,出口的增加将超过进口的增加。

7.5 两种方法的比较:传统观点和综合经济的观点

传统观点忽略了名义汇率变动和实际汇率变动的区别。贬值提供了降低美国商品在世界市场上价格的前景。这相应地导致出口增加和进口下降。对 GNP 的总体影响假定为贸易收支改善的一个倍数。

综合经济的观点关于外生性的实际汇率贬值对国内经济的影响有完全不同的理解。美国生产商品价值越低,其在国际市场上的吸引力越强。然而,这只是需求侧分析。在供给侧,美国生产商品价值的下降,降低了生产这些商品的激励,因此产量和就业将会下降。美国股票市场将相对于世界其他地区下跌。

两种方法关于实际汇率对一些变量影响的预测完全不同。实际汇率和这些变量关联的实证检验可能有助于区分这两种方法。表 7.1 总结了传统观点和综合经济的观点的不同。

表 7.1　　　　　　　　　实际汇率贬值的影响

	传统观点	综合经济的观点
进口占 GNP 百分比	下降	上升
出口占 GNP 百分比	上升	上升
贸易收支占 GNP 百分比	改善	改善
资本流入占 GNP 百分比	不变	恶化
美国相对于世界其他地区实际回报率	上升	下降
美国相对于世界其他地区增长率	上升	下降

7.6 实际汇率变动对股票市场和经济的影响

实际汇率与股票市场、实际 GNP、进口和出口之间关系的实证估计完全支持综合经济的观点(见表 7.2)。根据我们模型的预测,估计显示实际汇率贬值 1% 与美国相对世界其他地区增长率立即下降 1.17% 相关。

表 7.2   实际汇率变动的宏观经济结果的估计*

变量定义	
DLY＝美国相对于世界其他地区的增长率	X2＝滞后 2 个季度的出口变动占 GNP 百分比
DTBGNP＝贸易收支变动占 GNP 百分比	X3＝滞后 1 个季度的出口变动占 GNP 百分比
Tb1＝滞后 1 个季度的贸易收支变动占 GNP 百分比	M2＝滞后 2 个季度的进口变动占 GNP 百分比
DMGNP＝出口变化占 GNP 百分比	M4＝滞后 4 个季度的进口变动占 GNP 百分比
DXGNP＝进口变化占 GNP 百分比	RR＝标准普尔 500 变动百分比减外国股票市场指数变动百分比
DLE＝实际汇率变动百分比	S&P 500＝标准普尔 500 指数变动百分比（忽略股息）
E1＝滞后 1 个季度的实际汇率变动百分比	R2＝R 平方
E3＝滞后 3 个季度的实际汇率变动百分比	DW＝杜宾瓦森统计量
E8＝滞后 8 个季度的实际汇率变动百分比	SE＝标准误差
Y3＝滞后 3 个季度的增长率差异	F＝F 统计量
Y4＝滞后 4 个季度的增长率差异	
Y8＝滞后 8 个季度的增长率差异	

* 括号内为 t 统计量。

除了同期的影响，实际 GNP 增长率差异和实际汇率升值的滞后 3 个季度的关联也被发现。这显示美国经济对实际经济冲击的逐步调整。滞后效应加强了实际汇率变化对美国经济增长的初步影响。实际汇率贬值 1％ 的长期影响是降低相对于世界其他地区实际 GNP 增长率 1.6％。

美国与世界其他地区实际收益率的差异由他们股票市场的相对表现衡量。① 表 7.2 中报告的估计显示了实际汇率贬值 1％ 导致同期美国相对世界其他地区实际回报率下降 0.93％。这个结果清楚地支持本章形成的框架。

除了同期影响，存在实际回报率差异和实际汇率变动的滞后 8 个季度的关联。滞后效应部分抵消了实际汇率变动的初始影响。因此，实际汇率贬值 1％

---

① 世界其他地区回报率是基于日内瓦 Capital International SA 报告的百分比变动。在加拿大、法国、德国、意大利、日本、荷兰、瑞士和英国的股票价格指数中，这些指数的价值以美元表示。

的长期影响是降低美国相对于世界其他地区实际回报率 0.48%。实际汇率变动对股票市场回报差异的滞后效应的存在,表明了一个可以基于实际汇率变动获利的投资组合策略的可能。

实际汇率的贬值延迟了对美国贸易收支的影响。反应发生在滞后 1 个季度和 8 个季度。实际汇率贬值 1% 对贸易收支没有直接影响。1 个季度后,贸易收支占 GNP 百分比改善 2.68%;8 个季度后,改善了 6.68%。贸易收支和实际汇率关联的滞后性表明,实际汇率可以用来预测美国贸易收支占 GNP 的百分比。

分别看进口和出口,实际汇率贬值 1% 对出口没有直接影响,但是出口占 GNP 的百分比在 3 个季度后上升 2.04%。实际汇率贬值 1% 对进口没有直接影响。3 个季度后,进口占 GNP 百分比上升 3.25%。这个增长夸大了实际汇率变动对进口的长期影响。这个影响在 8 个季度后被部分抵消,实际汇率升值 1% 的长期净效应是进口占 GNP 百分比增长 0.74%。

传统观点和综合经济的观点都预测实际汇率贬值能提升出口占 GNP 的百分比。关于出口,这两个理论做出了互相矛盾的预测。如果实际汇率贬值,传统观点预测进口相对于 GNP 减少,而综合经济观点的预测是增加。根据综合经济框架的预测,进口上升(0.74)少于出口(2.04)导致贸易收支的净改善。证据清楚地显示有利于综合经济的观点而不是传统观点。

7.7　实际汇率变动对各行业部门的影响

实际汇率变动的影响在各行业之间有所不同。在识别赢家和输家时,分析必须集中于冲击的最终负担。多年来,我们的研究发展了两个不同的发生率模型:一个关注资本和劳动力的相对回报并引出了资本税收敏感性的概念;另一个是基于就国际贸易货物而言的非贸易商品相对价格。

经济冲击的发生率:资本税收敏感性

最终承担税收负担的多少由每单位劳动力和资本的相对可移动性以及对每种要素产出的需求之价格敏感性共同决定。一种要素的移动性越高,且对该要素产出需求的价格敏感度越低(无弹性),它承担的税收负担就越少。一种要素的移动性越低,且对该要素产出需求的价格敏感度就越高(有弹性),它承担的税收负担就越高。逐一分析单一税负担和发生率之间的实际联系是非常复杂的,绝大多数国家的一系列税收都没有被研究。

幸运的是，已经有了一种决定实际汇率变动对行业表现影响的方法。实际汇率变动反映了美国相对于世界其他地区实际回报率的变化。当美国的资产回报率下降时，美元的实际汇率贬值。因此，实际汇率的贬值对资本税收敏感性行业应该有负面影响。[①] 表 7.3 列出了标准普尔 500 行业组的资本税收敏感性分类。考虑两个基本的组别：高资本税收敏感性组（HC）和低资本税收敏感性组（LC）。

表 7.3　　　根据资本税收敏感性分类的标准普尔行业组

SIC	标准普尔 500 行业组	SIC	标准普尔 500 行业组
	HC（高资本税收敏感性）		
372	航空航天	283	药物
452	航空运输	491	电力
451	民航	20	食品
3714O	汽车配件	53	百货连锁
3714U	汽车配件	384	医疗用品
3713	载重汽车及配件	63M	保险/多险种
371	汽车	633	保险/财产/意外伤害
371E	汽车（除通用汽车）	63	保险/人寿
62	经纪公司	614	个人贷款公司
343	建筑材料	53S	零售/专营
324	水泥	612	储蓄 & 贷款协会
28	化学品	284	肥皂
366	通信设备	2086	软饮料
357	计算机 & 商业	21	烟草

---

① 关于资本税收敏感性概念的讨论，参见：V.A. Canto, "The CAT'S Meow: A Portfolio Strategy for the Modified Flat Tax", *Financial Analysts Journal*, Vol. 42, No. 1, January/February 1986, pp. 35－48; "The CAT'S Mewo and the Stock Market", A. B. Laffer Associates (November 14, 1985); "The CAT'S Meow: The Fat CATS Strategy for Portfolio Selection", *Financial Analysts Journal*, Vol. 43, No. 1, January/February 1987, pp. 43, 44－51; "The CAT'S Meow: Sharpening Our Claws", *Financial Analysts Journal*, Vol. 43, No. 5, September/October 1987.

续表

SIC	标准普尔 500 行业组	SIC	标准普尔 500 行业组
357E	计算机（除 IBM）		**LC（低资本税收敏感性）**
737	计算机服务	3523	农业机械
531	百货商店	3334	铝
DISC	折扣商店	2083	饮料酒
36	电气设备	67C	封闭式投资
36M	电气 & 电子	353	机械
381	电子器件/仪表	265	容器（纸）
3674	电子器件/半导体	24	木材
78	娱乐	3541	机床
GAM	博彩公司	355	机械/工业/特种
342	硬件	26	纸
251	家居装饰	40	铁路
15	住宅建筑	374	铁路设备
8062	医院管理	60O	银行（纽约市以外）
701	酒店	67B	债券基金
363	房屋装修/器具	12	煤炭（烟煤）
3949	休闲	102	铜
353	机械	13	原油生产者
3411	金属 & 玻璃容器	291	国内综合油
2451	移动房屋	287	化肥
271	报刊	10	黄金开采
3822	污染控制	33	金属（其他）
27	出版	492	天然气分销
483	无线电/电视广播公司	492N	天然气
58	餐厅	492P	天然气管道
54	零售食品连锁	60	纽约市银行
314	鞋	DRILL	海上钻井
22	纺织品	13C	石油/加拿大

续表

SIC	标准普尔 500 行业组	SIC	标准普尔 500 行业组
23	纺织品/服装	131	石油/国际综合
301	轮胎 & 橡胶制品	138	油井设备 & 服务
3942	玩具制造商	65	不动产投资信托
42	卡车运输	331	钢铁
2082	饮料—啤酒	2061	精制糖
2844	化妆品	481	电话公司
591	药店	481E	电话公司（除 ITT）

经济冲击的发生率：交易与非交易商品

从不同成本和可交易性程度的变化方面看，贸易也能受到关于经济冲击的发生率和负担的具体影响。需求增加如何得到满足，部分取决于国内和外国供给的弹性。

在可贸易商品行业，需求的增加将被增加的进口满足，并且在贸易部门的国内行业，盈利能力将不受影响。对于在非贸易部门的行业，需求的增加将被国内生产的增加或国内价格的上升满足。如果价格上升，在非贸易部门的国内行业，盈利能力将提升。表 7.4 列出了归类为贸易和非贸易部门的行业。[①]

表 7.4　根据贸易和非贸易部门分类的标准普尔行业组

SIC	贸易部门	SIC	非贸易部门
3334	铝	372	航空航天
3714U	汽车配件	3523	农业机械
3713	载重汽车及配件	452	航空运输
371	汽车	451	民航
371E	汽车（除通用汽车）	60	纽约市银行
2082	饮料—啤酒	67B	债券基金
2083	饮料酒	62	经纪公司
28	化学品	343	建筑材料

---

① 归类为贸易商品的行业是那些国民收入和国民生产核算账户报告的有进口或出口的行业。

续表

SIC	贸易部门	SIC	非贸易部门
12	煤炭（烟煤）	324	水泥
366	通信设备	67C	封闭式投资
357	计算机 & 商业	737	计算机服务
357E	计算机（除 IBM）	265	容器（纸）
353	机械	2844	化妆品
102	铜	531	百货商店
13	原油生产者	DISC	折扣商店
291	国内综合油	591	药店
283	药物	491	电力
36	电气设备	78	娱乐
36M	电气 & 电子	GAM	博彩公司
381	电子器件/仪表	53	百货连锁
3674	电子器件/半导体	342	硬件
287	化肥	251	家居装饰
20	食品	15	住宅建筑
24	木材	8062	医院管理
10	黄金开采	701	酒店
384	医疗用品	363	房屋装修/器具
3541	机床	63M	保险/多险种
353	机械	633	保险/财产/意外伤害
355	机械/工业/特种	63	保险/人寿
3411	金属 & 玻璃容器	3949	休闲
33	金属（其他）	2451	移动房屋
492N	天然气	492	天然气分销
492P	天然气管道	271	报刊
DRILL	海上钻井	138	油井设备 & 服务
13C	石油/加拿大	614	个人贷款公司
13I	石油/国际	3822	污染控制
26	纸	27	出版
314	鞋	483	无线电/电视广播公司

续表

SIC	贸易部门	SIC	非贸易部门
331	钢铁	40	铁路
2061	精制糖	65	不动产投资信托
22	纺织品	58	餐厅
23	纺织品/服装	54	零售食品连锁
301	轮胎＆橡胶制品	53S	零售/专营
21	烟草	612	储蓄＆贷款协会
3942	玩具制造商	284	肥皂

资本税收敏感性与可贸易性

两种方法都能将实际汇率变动获益的行业区分出来。表7.3和表7.4的比较显示，两种方法没有得到同样的赢家和输家的名单。如果这两种方法都有经验的相关性，这两者将在以下情况下彼此加强：(1)高资本税收敏感性且非贸易商品行业；(2)低资本税收敏感性且可贸易商品行业。这两者将在以下情况彼此抵消：(1)高资本税收敏感性且可贸易商品行业；(2)低资本税收敏感性且非贸易商品行业。

7.8 实际汇率变动对行业股票价格表现的影响

表7.5中列出的结果清楚地显示，实际汇率的贬值将对高资本税收敏感性行业(HC)有负面影响,对低资本税收敏感性行业(LC)有正面影响。[①] 结果显示，实际汇率贬值1％，对股票回报没有直接影响。然而，它有滞后的影响。1个季度后，高资本税收敏感性行业(HC)的股票回报率下降0.315％。在滞后8个季度后，实际汇率贬值1％，导致低资本税收敏感性行业组的回报率上升0.246％。实际汇率变动的滞后影响与逐渐调整的过程一致。起初，冲击减少了对美国国内要素的需求。后来，当经济收缩时，超额供给被消除，并且负回报率消失。

---

① 高资本税收敏感性(HC)指数计算方法是取归类为高资本税收敏感性行业的平均值。低资本税收敏感性(LC)指数计算方法是取归类为低资本税收敏感性行业的平均值。

表 7.5　实际汇率变动对按资本税收敏感性分类的行业的影响

应变量	常量	DL_Y	解释变量*				标准普尔500	R^2	DW	SE	F
			Y_1	Y_2	E_1	E_3	E_8					
HC	.0078 (1.20)	.102 (1.35)	−.168 (1.87)	—	.315 (1.73)	—	—	1.39 (18.97)	.865	2.11	.0148	94.7
LC	.0021 (.395)	.0879 (1.31)	—	—	—	—	−.246 (1.78)	.926 (14.38)	.793	1.66	.0131	75

括号内为 t 统计量。

*解释变量的说明参见表 7.2。

Y_1 = 滞后 1 个季度的增长率差异。

Y_2 = 滞后 2 个季度的增长率差异。

表 7.6 中列出的结果显示,实际汇率的贬值对非贸易行业有负面影响,并对贸易行业回报率有正面影响。① 实际汇率贬值1％的 8 个季度后,贸易行业回报增加 0.056％。相比之下,实际汇率贬值1％的 1 个季度后,非贸易行业回报下降 0.126％。

表 7.6　实际汇率变动对按可贸易性分类的行业的影响

应变量	常量	DL_Y	解释变量*		标准普尔500	R^2	D-W	SE	F
			Y_1	E_1	E_8					
可贸易行业	.001 (.286)	.129 (2.94)	−.024 (1.70)	—	−.056 (1.82)	1.05 (24.7)	.919	2.08	.0086	167.13
不可贸易行业	−.008 (1.37)	—	−.059 (2.16)	.126 (2.30)	—	1.38 (20.7)	.881	1.97	.0138	144.33

括号内为 t 统计量。

*解释变量的说明参见表 7.2。

表 7.7　实际汇率变动对按资本税收敏感性和可贸易性交叉分类的行业的影响

应变量	常量	DL_Y	解释变量*					标准普尔500	R^2	D-W	SE	F
			Y_1	Y_2	DLE	E_1	E_2	E_8					
HIGHCATS 可贸易行业	−.005 (1.13)	.16 (2.68)							1.16 (19.88)	.877	2.35	.012	209.07
HIGHCATS 不可贸易行业	−.008 (1.09)		−.204 (1.99)			.44 (2.11)			1.50 (18.88)	.846	1.94	.017	107.79
LOWCATS 可贸易行业	.015 (1.80)	.260 (2.52)			−.363 (1.77)	−.320 (1.87)		−.500 (2.79)	.93 (11.18)	.744	1.66	.016	34.81
LOWCATS 不可贸易行业	−.006 (1.41)			.108 (1.74)		.227 (2.18)	−.219 (1.75)		1.04 (20.73)	.881	1.72	.010	108.90

括号内为 t 统计量。

*解释变量的说明参见表 7.2。

---

① 非贸易品和贸易品指数的计算方法是分别取归类为非贸易品行业和贸易品行业的平均值。

表 7.7 中列出的结果显示了资本税收敏感性与可贸易性这两种方法相互作用的影响。正如我们分析的预测，最不受益于实际汇率贬值的行业组是那些同时被归类为高资本税收敏感性和非贸易品行业。实际汇率贬值 1% 导致 1 个季度后这些行业的回报率下降 0.44%。

我们的分析也预测到最受益于实际汇率贬值的行业是那些同时归类为低资本税收敏感性和贸易商品行业。实证结果显示，实际汇率贬值 1% 导致同期回报率增加 0.363%，1 个季度后，额外增加 0.32% 和 8 个季度后增加 0.5%。累积获益为 1.183%。

对于同时归类为高资本税收敏感性和贸易品的行业以及同时归类为低资本税收敏感性和非贸易品的行业，实际汇率变动的影响不显著。高资本税收敏感性和贸易品行业的情况显然如此。对于低资本税收敏感性和非贸易品行业，似乎有一个同期的正向影响并在 1 个季度后被扭转。

7.9 意义

实际汇率的贬值使美国生产的商品相对于外国商品更便宜。实证结果显示，实际汇率变动的供给侧影响大于需求侧影响。实际汇率贬值与国内产量相对于外国产量下降、国内生产商相对于外国生产商盈利能力下降，以及美国股票市场相对于外国股票市场下跌有关联。相反，实际汇率升值与美国经济相对世界其他地区更好的表现相关。因此，正确预测实际汇率的波动，可以作为在多个国家股票市场之间选择的投资组合策略的基础。

实际汇率的波动也对各行业有差异性的影响。实际汇率升值相比低资本税收敏感性行业更有利于高资本税收敏感性行业，同时，相比国际贸易品行业更有利于非贸易品行业。表现的差异在同时归类为高资本税收敏感性、非贸易品行业和同时归类为低资本税收敏感性和贸易品行业之间更明显。此外，各种股票价格指数对实际汇率变动的逐步反应，使得发展一个本章所述利用逐步调整的投资组合策略成为可能。

第8章

供给侧投资组合策略的结论

维克托·A. 坎托、阿瑟·B. 拉弗

　　对于在纽约和美国证券交易所上市的小公司的投资可以实现比对于大公司的投资更高的回报率，这一直是传统的观点。第1章证明了这个经验可以应用系统的方法获得高于平均的回报率。以下是这项研究的主要意义：

- 投资组合中公司的平均市值越小，该组合的表现越好。这项结果即使在经过以贝塔衡量的风险差异后也成立。

- 这个结果与20世纪60年代的有效市场的研究结果大不相同，此项研究显示，主动交易策略不能打败买入并持有的策略。

　　由小市值公司组成的投资组合的回报率是突出的。例如，投资于小市值组合的1美元在1963～1984年间增长至超过115美元。同时期，一个由最大平均市值公司构成的组合只增长至6美元。较好的结果被发现存在于每一个大小分级中。一般来说，组合中的公司越小，它的表现越好。虽然不能保证市值大小效应的优越表现，但在所研究的22年结果中17年有这种较好的表现结果。因此，该效应应该考虑为整体投资组合策略的一个重要部分。

　　20世纪80年代中期的牛市是最近历史上最长牛市之一，由较低的税收和低通胀环境推动。由于基本的供给侧财政和货币原则变成政策，毁灭性的通货膨胀和20世纪70年代的停滞已成为过去痛苦的回忆。约翰逊、尼克松、福特和卡特执政时的失败的经济政策体现了无法保证美元价值而造成的破坏。

　　1981年里根减税和美联储从货币增长目标到价格目标的渐进改革导致了自20世纪60年代早期以来最低的通货膨胀率。此外，从1988年1月1日开始生效的边际税率较低的修改后的单位税、监管环境的改变和美联储持续致力于价格目标而不是数量目标，将共同导致在 20 世纪 80 年代剩下的时间到 90 年代的时间内的低通货膨胀。

结合通货膨胀、税率和通货膨胀错误计量的多种效应，现在的利率相对于通货膨胀应该是极低的。我们有一个最近历史上最低之一的测量通货膨胀率，并且实际的通货膨胀率其实比测量值更低。基于低通货膨胀和税收环境，利率在未来几年将大幅下降。在 20 世纪 90 年代初期，长期政府债券收益率可能低至 3%~4%。抵押贷款利率可能在 4%~5% 的区间内。未来资产的价值和产出的组成将与现在的情况显著不同。

利率的变动对不同行业的股票价值有不同的影响。不仅是反应幅度的不同，它们的方向也不同。一些反应是反直觉的。使用标准普尔的行业指数，过去较低利率的五个最大受益者是经纪公司、计算机服务、医院管理、通信设备和加拿大油气勘探。历史上，较低利率的最大受损者是博彩公司、债券基金、折扣商店、航空公司和广播公司。

1988 年 1 月 1 日生效的所得税税率是美国自哈丁和库里奇执政时期将最高个人所得税从 73% 降低至 23% 以来最利于产出的体系。

哈丁—库利奇减税迎来了这个国家所经历过的最长和最强劲的经济扩张期之一。"咆哮的 20 年代"确实是咆哮的，它们伴随着通货膨胀率的大幅下降。税率和经济增长的关系是令人吃惊的。税率和通货膨胀的关系也是很紧密的。如果过去是对未来的指南，那么 1988 年的税率下调预示着未来持续的强劲增长和相应的对通货膨胀的限制。

与在 1986 年税收改革法案包含的税率下调一起，关于资本利得、折旧和投资的税收抵免的显著改变在 1988 年 1 月 1 日完全生效。投资领域最受折旧利益方面立法变化影响的是商业不动产。

税收改革从两方面影响商业不动产的价值：
- 降低税率将增加所有产生正的净经营收入或租金的资产的价值；
- 税法的改变将减少折旧资产产生的折旧税盾的价值。

税收改革对地产的净影响取决于以上两种效应的相对大小。一项不动产投资是两种资产投资的组合：土地和土地上的建筑。就像投资组合的价值等于它所包含的证券的价值之和，地产的价值是土地和建筑的价值之和。因此，税收改革对不动产的影响通过分别评估税收改革对土地和建筑的影响来决定。

由于不会遭受折旧税利益的损失，拥有没有建筑的出租土地和拥有非折旧建筑地产的人将从税收改革中获益最多。有折旧建筑的地产将获益较少或可能价值下跌。然而,只要建筑在现行税法下是盈利的,它的价值在短期将上升。

经济上可行的不动产将从税收改革中获益。如果在现行税收体制下一项创造收入的不动产是盈利的,它的价值在短期将由于税收改革而上升。建筑折旧越充分,获益越大。不动产的最大获益者将是没有建筑的出租土地和拥有非折旧建筑的地产。唯一的输家将是从税盾获取大部分价值的地产。从高效利用稀缺资源的角度看,不鼓励在努力节税方面的投资是可取的。这是税收改革的一大好处。

至于租金,财富的增加将导致对出租单元需求的增长。租金在短期内将上涨,但是将存在建立新的出租建筑的激励。随着出租单元的供给扩张,租金将下跌。租金最终将可能比现在的水平低 $1\%\sim2\%$ 。

对于公司拥有的建筑,税收改革更有可能在以下情况导致长期租金水平下降:

- 如果建筑是住宅用而不是非住宅用的;
- 如果在现行税法下使用直线折旧法替代加速折旧法(ACRS);
- 税后无风险利率较高。

不动产悲观主义者忽略了税收改革对经济的有利影响。较低的税率将为生产活动提供更高的税后回报。当个人和企业应对这些更强烈的激励,经济将增长更快,总财富也将增长。因为随着财富的增加,对不动产和其他资产的需求将增加,从而趋向于在短期内提高它们的价值。

在过去的 15 年里,美国贸易政策一直在朝着保护主义稳步前进。创纪录的贸易赤字、高失业率和越来越强势的美元,导致很多美国人鼓吹保护主义政策,希望创造更有利的贸易收支。对于提高受到外国竞争行业保护的呼声,是基于相信这种贸易行动将增加从事于贸易商品公司的股票价值,或增加与"国外廉价劳动力"竞争的行业就业水平。

尽管由于 1930 年《斯穆特-霍利关税法案》的毁灭性后遗症和 20 世纪 60 年代自由贸易政策的成功,在美国和海外,贸易保护主义的蔓延已成为现实。在里根执政时期,已经有一个向新的贸易政策的转变——一个基于互惠的贸易政策。这项政策的目的是迫使其他国家放弃任何伤害美国生产者的活动。

然而,自由贸易的倡导者强调,贸易限制会损害经济的效率。限制措施的有效程度对应的是经济失去了自由获得外国商品和市场的好处,生产激励远离那些国内生产更高效的产品。

投资问题是有关贸易限制实施的股票价值变动大小。如果贸易限制的倡导者是正确的,增长的保护主义将增加盈利能力(即股票回报)和就业。但是,如果自由贸易的倡导者是正确的,贸易限制的实施将降低股票价值和就业。

在第 4 章,通过比较股票市场的实际表现和其在经济增长的可比期间内平均表现,估计全面贸易保护主义政策对股票价值的影响。实证结果显示,全面贸易限制行动的实施与以下情形有关:

- 事件发生前 12 个月和发生后 6 个月内标准普尔 500 每月下跌 0.5%;
- 同期总就业每月下降 0.08%。

对以下四个从外国竞争中受到保护的行业进行研究:皮鞋、彩色电视机、汽车和钢铁。在四个行业中,保护主义措施的实施与每个行业股票指数的下跌有关。对于就业的情况,只有钢铁行业被发现获得了与实施行业特定贸易限制措施有关的就业增长。

投资组合经理应该先于贸易限制行动,因为这些措施对股票价值有显著影响。全面的或者行业特定的贸易限制措施的可能性可以基于贸易收支的变化、股票市场相对表现和就业增长来估计。全面贸易限制措施的关键因素是贸易收支:贸易收支占 GNP 每下降 1%,保护主义行动的概率上升 4.22%。

可以根据行业股票相对于股票市场表现和行业就业增长相对于整体经济来估算特定行业贸易限制的概率。平均而言:

- 行业股票回报率相对于股票市场下降 1%,导致特定行业贸易限制政策的概率上升 3%。
- 行业就业相对于全国就业水平下降 1%,导致特定行业贸易保护主义政策的概率上升 9.6%。

受保护行业即使在特定行业措施存在的情况下,也往往表现不佳。第 3 章报告的结果显示,不管是全面的还是特定行业的保护主义政策,都未能保护特定行业以及整体经济中的资本和就业。

州和地方税收的变化,可以用来实施一个投资组合策略。实施这种投资组合策略,需要识别州税收政策的变化,以及不能将州和地方税收前向或后向传递的生产商。

资本税收敏感性投资组合策略,预测宏观经济冲击后的各行业群组相对股票表现。行业被划分为两个基本的组:高资本税收敏感性行业(HC)和低资本税收敏感性行业(LC)。每一类又被进一步分为两组:那些在各自分类中有较强属性的 HCⅠ和 LCⅠ,和那些在各自分类中属性较弱的 HCⅡ和 LCⅡ。

第 6 章概述了一个做出以下基本投资组合决策的投资组合策略:(1)全部投资于国库券市场;(2)全部投资于高资本税收敏感性行业;(3)全部投资于低资本税收敏感性行业。应用资本税收敏感性策略获得的模拟表现结果显示,该策略的表现在 22 年中的 20 年超过了市场。一个随机选择的行业在任何一年内有机会跑赢市场。但是这样的组合在 22 年中 20 年跑赢市场的概率小于一万分之一。因此，资本税收敏感性组合策略的表现结果极不可能是出于偶然的。

自 1965 年 1 月开始，按照资本税收敏感性组合策略投资的 1 美元至 1986 年 12 月将增长至 28.06 美元。然而，投资于标准普尔 500 的 1 美元仅增长至 2.9 美元。相似地，投资于国库券的 1 美元将增长至 4.42 美元。完全投资于高资本税收敏感性组合的 1 美元会增长至 4.51 美元，而完全投资于低资本税收敏感性组合的 1 美元，将增长至 2.2 美元。完全投资于高资本税收敏感性或低资本税收敏感性组合获得的回报，并没有显著不同于投资标准普尔 500 指数的结果。这证明了资本税收敏感性策略的优越表现，并不是因为投资于更有风险的（即高贝塔）组合。优越的表现是正确识别股票本质和选择受益于某些类型经济冲击的行业群组的结果。

前面章节讨论的四种投资组合策略提供了四种筛选行业和股票的方法，这些方法就平均而言战胜了市场。由于这些方法不是互斥的，存在一种可能性，即可以通过结合这些方法发展出一种能超过任一单独策略表现的投资组合策略。

考虑小盘股投资组合策略的情况，股票市场变现和市值的长期关系在 1984 年逆转。大盘股表现自 1973 年以来首次超过小盘股。1984 年是不太可能标志小盘股长时间低回报的开始。最近，一个这样的时期，1969～1974 年是发生在反增长经济政策的背景下。相反，现在的经济政策环境毫无疑问是促增长的。

初步结果显示，一旦小盘股按行业群组分类，表现的差异是明显的。小盘股行业群组表现优于相应的整体行业指数。这显示了小盘股的变现不佳，是因为跑输市场的行业群组比重较大。大约 1/3 的小盘股是石油相关类股票，而超过 10% 的股票都在电信、高科技行业。

过去几年，经济环境转为明显不利于石油类股票。附加一个监测宏观经济环境的方法，诸如资本税收敏感性策略，可以通过排除石油类股票，修改小盘股策略。相似地，关注增加的外国竞争和保护主义压力，就会从小盘股组合中排除电信股票。排除这两个行业，将导致该策略明显优于纯小盘股策略，并且非常有可能超越资本税收敏感性策略。

由于小公司的生产设施有可能在一个州内，小盘股和州税收政策的互相影响也是明显的。州和地方政策对生产设施都在一个州境内的公司的影响最大。

第 7 章提出了一种综合的投资组合策略。结合实际汇率变动对贸易和非贸易商品行业的影响，以及资本税收敏感性的概念，维克托·坎托说明了使用多种方法构建投资策略的优势。

当美国境内资产的回报率相对于境外资产的回报率下降时，美元的实际汇率贬值。因此，实际汇率的贬值，对于资本税收敏感性行业有负面的影响。从成本和可贸易性程度的不同看待贸易，也能得到关于经济冲击的发生率和负担的具体影响。需求的增加如何得到满足，部分依赖于国内和外国供给的弹性。

有两种方法能够将受益于实际汇率变动的行业与那些不受益的行业相分离。这两种方法产生的赢家和输家的名单并不完全一致。如果两种方法有实证的相关性，它们将在以下两方面相互加强：(1)同时为非贸易商品和资本税收敏感性的行业；(2)同时为贸易商品和低资本税收敏感性的行业。这两种方法在以下两方面会相互抵消：(1)同时为贸易商品和高资本税收敏感性的行业；(2)同时为非贸易商品和低资本税收敏感性的行业。

第7章报告的结果，揭示了资本税收敏感性和可贸易性两种方法之间相互作用的存在。正如我们的分析预测，那些最不受益于实际汇率贬值的行业群组，正是同时被归类为高资本税收敏感性和非贸易商品的行业，诸如出版、计算机服务、保险公司和百货商店。实际汇率贬值1%，导致滞后一个季度的行业回报率下降0.44%。

我们的分析同时预测那些最受益于实际汇率贬值的行业，同时也是归类为低资本税收敏感性和贸易商品的行业，比如造纸、机床、木材和钢铁。实证结果显示，实际汇率贬值1%，导致同时期回报率上升0.363%，1个季度后额外上升0.32%，以及8个季度后额外上升0.5%。累积获益为1.183%。

对于同时归类为高资本税收敏感性和贸易行业，例如汽车和鞋，以及同时归类为低资本税收敏感性和非贸易行业，例如天然气分销商和电话公司，实际汇率变动的效果并不显著。高资本税收敏感性的贸易商品行业显然如此。对于低资本税收敏感性的非贸易行业，似乎有一个同时期的积极作用在一个季度后被逆转。此外，各种股票价格指数对实际汇率变动的逐步反应，造成了发展一种投资组合策略的可能，该策略旨在利用第7章内所报告的渐进调整。

我们所讨论的投资组合策略，基于整体经济环境、地理位置、贸易保护主义压力、市值大小和可贸易性来判断表现的差异。

根据前面章节报告的结果，一个卓越的投资组合策略，是意识到以下投资意义的策略：

1. 整体经济环境。资本税收敏感性策略将帮助选择受益于经济环境的行业群组。

2. 地理位置。工厂设施的选址将帮助判断最可能受州和地方政策影响的公司。

3. 贸易保护主义压力和外国竞争。被授予保护免于外国竞争的行业,通常被视为好的投资对象。然而,选定行业的研究显示,行业股票的回报率往往未能提升,并且在某些情况下,回报率实际上在保护主义期间是下降的。

4. 市值。选择小市值而不是大市值的股票将利用实证记录小市值公司与大市值公司的差异。

5. 实际汇率变动。对于贸易和非贸易商品行业,由于实际汇率的冲击显示出不同的表现,根据它们的资本税收敏感性,不同的行业也将有不同的表现。

关于编者

维克托·A. 坎托从麻省理工学院获得理学学士学位并在芝加哥大学获得经济学的硕士学位和博士学位。他是 A. B. Laffer Associates 的董事长。他历任南加州大学的助理教授和副教授,也是加州大学洛杉矶分校和多米尼加共和国中央大学的访问教授。

除了他的学术职位,坎托博士一直是多米尼加共和国财政部的经济顾问和多米尼加共和国中央银行经济研究部门的经济学家,也是波多黎各财政部和政府财政委员会的顾问。

坎托博士的其他著作包括:《金融分析师财政政策指南》(The Financial Analyst's Guide to Fiscal Policy),《金融分析师货币政策指南》(The Financial Analyst's Guide to Monetary Policy),《货币替代:理论和拉丁美洲的证据》(Currency Substitution: Theory and Evidence from Latin America),《供给侧经济学基础》(Foundations of Supply-Side Economics),《多米尼加共和国通货膨胀和经济政策笔记》(Apuntaciones Sobre Inflacion y Politica Economica en Republica Dominicana),《贸易限制对美国经济中贸易限制的决定因素和后果》(The Determinants and Consequences of Trade Restrictions on the U.S. Economy)。他的出版物发表在《经济调查》(Economic Inquiry)、《南方经济杂志》(Southern Economic Journal)、《公共财政》(Public Finance)、《国际货币和财政杂志》(Journal of International Money and Finance)、《金融分析师杂志》(Financial Analysts Journal)和《宏观经济学杂志》(Journal of Macro-economics)以及其他一些期刊。

阿瑟·B. 拉弗是经济研究和咨询公司 A. B. Laffer Associates 的创始人兼

董事长。在此之前他曾是佩珀代因大学一名杰出的教授,南加州大学商业经济学的查尔斯·B.桑顿教授以及芝加哥大学商业经济学的副教授。

拉弗博士在 1963 年从耶鲁大学获得经济学学士学位,在此之前他曾在德国慕尼黑大学求学。他从斯坦福大学获得了 M. B. A.(1965 年)和经济学博士学位(1972 年)。

拉弗博士现在是美国总统经济政策咨询委员会的成员。他也是美国资本运作委员会(华盛顿特区)政策委员会和董事会成员。因为在《金融分析师杂志》发表的优秀专题文章,他从金融分析师联合会获得了两届格雷厄姆和多德奖。他一直担任财政部和国防部部长的顾问。他在 1970 年 10 月至 1972 年 7 月间担任管理和预算办公室的经济学家。在离开芝加哥大学后,拉弗博士也是布鲁金斯学会的研究助理。

拉弗博士的其他著作包括:《金融分析师财政政策指南》(The Financial Analyst's Guide to Fiscal Policy)、《金融分析师货币政策指南》(The Financial Analyst's Guide to Monetary Policy)、《全球一体化的国际经济学》(International Economics in an Integrated World)、《未来美国能源政策》(Future American Energy Policy)、《反税收经济学》(The Economics of the Tax Revolt: A Reader)、《短期私人资本流动》(Private Short Term Capital Flows)、《全球通货膨胀现象》(The Phenomenon of Worldwide Inflation)。他的出版物发表在《美国经济评论》(American Economic Review)、《政治经济杂志》(Journal of Political Economy)、《商业杂志》(Journal of Business)、《金融分析师杂志》(Financial Analysts Journal)、《金融管理》(Financial Management)和《货币信贷与银行业杂志》(Journal of Money Credit and Banking)以及其他一些期刊。